INCENTIVOS A LA I+D+i DE MEDICAMENTOS

COLECCIÓN DE ECONOMÍA DE LA SALUD Y GESTIÓN SANITARIA
Dirigida por **Vicente Ortún**

Títulos publicados

INCENTIVOS A LA I+D+i DE MEDICAMENTOS

WALTER GARCÍA-FONTES (DIR.)
Departamento de Economía y Empresa
Universidad Pompeu Fabra, Barcelona

Springer Healthcare

CENTRE ██ DE RECERCA
EN ECONOMIA I SALUT·CRES
UNIVERSITAT POMPEU FABRA

Series *Economía de la salud y gestión sanitaria*
Edited by *Vicente Ortún, CRES-UPF*

Springer Healthcare

Springer Healthcare Ibérica SL.
Calle Arte 27- 2° A - 28033
Madrid | Spain
www.springerhealthcare.com

ISBN: 978-84-938062-2-4
Depósito Legal: M-2.376-2012

Índice de capítulos

Autores

JOAN-RAMÓN BORRELL

Joan-Ramon Borrell es Profesor Titular de Economía en la Universidad de Barcelona (España). Forma parte del Grupo de Investigación de Gobiernos y Mercados. Es Investigador del Centro de Investigación Sector Público-Sector Privado en la Escuela de Negocios IESE (Universidad de Navarra), y del Centro de Investigación en Economía y Salud (CRES) de la Universitat Pompeu Fabra. Su investigación principal es la intersección entre la economía industrial y la pública. Elabora modelos empíricos de la interacción estratégica de las empresas en mercados, como el de los productos farmacéuticos y el de la energía. Con el empleo de las estimaciones de los modelos, identifica y cuantifica el impacto de las políticas públicas sobre el comportamiento de las empresas, así como la idoneidad de estas políticas para alcanzar los objetivos del gobierno, y también el efecto global de las políticas públicas sobre el bienestar.

WALTER GARCÍA-FONTES

Walter García-Fontes es Profesor Titulado del Departamento de Economía y Empresa de la Universitat Pompeu Fabra y de la *Barcelona School of Economics*. Sus intereses de investigación son la organización industrial, la innovación empresarial, el cambio tecnológico y la econometría aplicada. Ha publicado sus trabajos en revistas internacionales de primer nivel en su campo. Ha coordinado diversos proyectos en los Programas Marco de la Comisión Europea para el estudio de la industria química europea y los cambios organizativos relacionados con las nuevas relaciones industriales.

LOUIS GARRISON

Louis Garrison es Catedrático y Director Asociado del Programa de Investigación y Política de Resultados Farmacéuticos, Departamento de Farmacia, University of Washington de Seattle. Su investigación reciente se centra en el diseño y la realización de investigación económica y de resultados en la evaluación de los productos farmacéuticos, biotecnológicos y diagnósticos, y en las cuestiones políticas relacionadas con el precio y el reembolso, el análisis de riesgo-beneficio en la regulación, y la farmacogenética.

HENRY GRABOWSKI

Henry G. Grabowski está en la Duke University desde 1972, en donde es Catedrático Emérito de Economía y Director del Programa de Productos Farmacéuticos y Economía de la Salud. Obtuvo el título de PhD en economía por la Princeton University en 1967. Ha ocupado cargos como visitante en la Administración de Financiación de la Asistencia Sanitaria en Washington, D.C., y en el International Institute of Management de Berlín, Alemania. El profesor Grabowski ha publicado numerosos estudios sobre la industria farmacéutica, y su principal investigación se centra en la economía del proceso de innovación, la regulación gubernamental y la competencia en el mercado. Ha sido asesor de la National Academy of Sciences, el Institute of Medicine, la Comisión Federal de Comercio y la Oficina de Presupuesto del Congreso de EEUU. Ha testificado como experto ante el Congreso en varias ocasiones sobre cuestiones de política relativa a los productos farmacéuticos y el sector de la asistencia sanitaria.

AIDAN HOLLIS

Aidan Hollis es Catedrático de Economía en la University of Calgary, y Vicepresidente de Incentives for Global Health, una ONG con sede en EEUU dedicada al desarrollo de la propuesta Health Impact Fund. Hollis estudió en la Cambridge University y la University of Toronto, en donde obtuvo la titulación de PhD en economía. Su investigación se centra en la innovación y la competencia en los mercados farmacéuticos, aunque ha publicado más de treinta artículos en revistas con revisión externa y dos libros en diversos campos de la economía. En 2003-4 estuvo en la Cátedra T.D. MacDonald de Economía Industrial en el Buró de la Competencia. Ha realizado informes y testimonios de experto en diversos casos relacionados con cuestiones farmacéuticas en Tribunales Federales, Tribunales de Apelación y el Tribunal Supremo de Canadá y ha asesorado a compañías y gobiernos.

Para mayor información, véanse las páginas web: http://econ.ucalgary.ca/hollis.htm y http://healthimpactfund.org

MARY MORAN

La Dra. Moran es Directora de Policy Cures, un grupo de investigación independiente con sede en Sydney y Londres. Tiene más de 20 años de experiencia en práctica clínica y política sanitaria, incluidos 10 años de especialización en políticas relacionadas con la I+D de enfermedades desatendidas. Mary es Profesora Senior Honoraria de la London School of Hygiene and Tropical Medicine y Asesora Experta de la Organización Mundial de la Salud, la Comisión Europea, la European Developing Countries Clinical Trials Partnership, la Global Alliance for Vaccines and Immunisation (GAVI), la OCDE y el Wellcome Trust. Anteriormente ha sido médica, diplomática y analista política de Medecins Sans Frontieres.

RUTH PUIG-PEIRÓ

La investigación actual de Ruth se centra en métodos de evaluación económica en los diversos departamentos del gobierno del Reino Unido, la efectividad relativa y la evaluación de la tecnología sanitaria en los diversos países europeos y la economía de la industria farmacéutica. Antes de incorporarse a OHE en 2010, Ruth ocupó cargos de investigadora en la Personal Social Services Research Unit (PSSRU) de la London School of Economics and Political Science y de investigadora en el Centro de Investigación en Economía y Salud (CRES) de la Universitat Pompeu Fabra de Barcelona (España).

ADRIAN TOWSE

Adrian Towse es Profesor Visitante en la University of York e Investigador Senior visitante en el Departamento de Salud Pública y Atención Primaria de la University of Oxford. Durante diez años, ha sido el Director no ejecutivo del Oxford Radcliffe Hospitals NHS Trust, uno de los hospitales más grandes del Reino Unido. Adrian se incorporó a OHE en 1993. Adrian Towse ha sido director de Office of Health Economics desde 1992.

Entre sus intereses se encuentran los acuerdos de "riesgo compartido" entre pagadores de la asistencia sanitaria y compañías farmacéuticas para gestionar la introducción de las nuevas tecnologías sanitarias; la economía de la farmacogenética para los pagadores de la asistencia y para la industria farmacéutica; las cuestiones económicas relativas al uso de colaboraciones públicas-privadas para el desarrollo de tratamientos para las enfermedades de países menos desarrollados; y la economía de la negligencia médica, incentivos, propiedades y costes del "no error" frente a los procedimientos de errores reformados.

CAPÍTULO 1

Introducción

Walter García-Fontes

Este libro trata de los incentivos a la innovación, en especial en el sector farmacéutico. Es una cuestión de interés en la mayor parte de los sectores, puesto que la innovación se ha considerado un motor del crecimiento económico que la mayoría de los gobiernos desean promocionar, y por consiguiente tiene especial interés en el sector farmacéutico en el que no todas las necesidades sociales proporcionan iguales oportunidades de beneficio y en el que la mayoría de los países de la OCDE intentan aplicar diferentes medidas destinadas a fomentar la investigación en esas áreas con menores oportunidades de beneficio. La cuestión es especialmente dramática si tenemos en cuenta las enfermedades que afectan principalmente a los países de renta baja, y también las enfermedades que afectan a grupos pequeños de pacientes, en las que la investigación sobre vacunas y nuevos fármacos no es demasiado importante o es completamente inexistente.

¿Cómo pueden proporcionarse incentivos para abordar estas actividades con menor generación de beneficio cuando no existen mercados claros para las innovaciones que se introducen? Esta es una de las cuestiones clave en lo que respecta al establecimiento de incentivos en estas áreas de menor generación de beneficio, puesto que es bien sabido que es muy difícil sustituir los incentivos privados que proporcionan los mercados reales. La intervención pública no sustituye a un mercado y, de hecho, es muy frecuente que acabe asignando los recursos de forma subóptima. Algunos de los capítulos de este libro proponen un análisis de mecanismos alternativos destinados a sustituir a estos mercados inexistentes, puesto que los mecanismos tradicionales como la adquisición pública o los subsidios directos han resultado totalmente insuficientes. Ha habido también una clara discrepancia entre el tamaño de los mercados considerados y los incentivos proporcionados. Algunos de los capítulos de este libro van en la dirección de identificar primero correctamente el tamaño del mercado de cada enfermedad, así como las características de los productos y de los desarrolladores, antes de pensar en el establecimiento de ningún tipo de esquema de incentivos, y lo que podría llamarse un nuevo mecanismo de ajuste entre productos y desarrolladores.

Lo que empeora las cosas es el hecho de que el otro mecanismo principal que se ha usado para incentivar la innovación, es decir, el sistema de protección de los derechos de la propiedad intelectual, fracasa también en ausencia de mercados. El sistema de patentes es el principal instrumento que se ha utilizado para dar al sector privado incentivos suficientes para invertir en la introducción de nuevos productos y procesos que pueden tener un alto valor social y que, por tanto, pueden proporcionar un retorno de la inversión superior al beneficio que la compañía innovadora considera adecuado. Pero el sistema de patentes funciona si proporciona beneficios adicionales dentro de un mercado bien definido. E incluso con mercados fuertes, se ha considerado que el sistema de patentes no siempre proporciona los incentivos adecuados para la innovación, y este es el motivo de que se hayan propuesto otros canales, como el tamaño del mercado como indicador de futuras oportunidades de beneficio, los instrumentos de información para reducir la incertidumbre de la demanda u otros instrumentos como los secretos comerciales.

Las patentes pasan a ser una forma ineficaz de incentivación para la I+D cuando la apropiabilidad es baja, es decir, cuando las compañías no son capaces de extraer rentas suficientes de sus productos para cubrir las inversiones de riesgo que comportan. Y esto es consecuencia no sólo del problema tradicional de que el valor social sea mayor que el valor privado, sino también de los mercados muy pequeños que hay en muchas de las áreas en las que la I+D podría ser muy necesaria para el desarrollo de los productos. ¿Hay alguna alternativa? En este libro se han propuesto algunas ideas, como por ejemplo otorgar un periodo de exclusividad de los datos a las compañías que desarrollen nuevos fármacos, un periodo durante el cual ninguna compañía genérica pueda entrar en el mercado basándose en los datos de los ensayos clínicos presentados a las autoridades reguladoras para la autorización del fármaco. Otros mecanismos se basan en mayor medida en la financiación directa por parte de la administración, o de manera creciente en la financiación por parte de fundaciones privadas para llenar el vacío que se produce cuando las patentes no proporcionan un incentivo lo bastante importante.

El otro vehículo principal para los incentivos de I+D en el sector farmacéutico procede directamente de los mercados existentes en los países desarrollados. ¿Cuál es el flujo de la actividad inventiva en los países desarrollados? ¿Qué planes de salud están en vigor en los Estados Unidos, la Unión Europea y Japón, y qué papel desempeñan en la introducción de nuevos productos? Este libro aporta un análisis comparativo de los distintos países en cuanto a la introducción de nuevos productos farmacéuticos para avanzar en el conocimiento del papel que desempeñan los diferentes sistemas reguladores y su influencia en el flujo de la actividad inventiva a nivel internacional.

Se están proponiendo otros mecanismos más controvertidos para la incentivación en la industria farmacéutica. Las compañías farmacéuticas esperan obtener unos beneficios suficientes de sus grandes inversiones en I+D, pero no siempre es así en todos los países. Pero si el rendimiento de los nuevos productos pudiera medirse, y pudiera hacerse que fuera explícito tanto para los usuarios como para los proveedores, de alguna forma el retorno que la firma podría obtener estaría más próximo a lo que esperara, y los pagadores, de forma directa o a través de subsidios, se verían más inclinados a aceptar pagar por el valor de lo que obtienen. Esto es lo que se denomina mecanismo de pago por resultados para los medicamentos. Pero, a pesar de su aparente sencillez conceptual, esto ha resultado muy controvertido para la mayoría de las partes interesadas. Comporta importantes problemas de información, como en cualquier problema de regulación con información privada, así como costes de transacción e implementación del mecanismo. Sin embargo, los beneficios son claros, al crearse incentivos para nuevos productos que, por lo demás, son difíciles de financiar, mediante la mejora de la eficiencia de la industria al realizar inversiones con mejor rendimiento o al reducir las incertidumbres globales. ¿Cuál es el resultado neto? En este libro se presentan algunas evidencias y datos adicionales que pueden hacer que este tipo de mecanismo sea más atractivo para la industria.

En este sentido, los esquemas de precios, tanto en los procesos iniciales como en los finales de la industria, deben estudiarse de manera más cuidadosa para determinar su influencia en las decisiones de inversión en I+D y los proyectos que la industria pone en marcha.

Los autores que participan en este libro han aportado diferentes perspectivas sobre las cuestiones que se plantean en la incentivación de la I+D en la industria farmacéutica, de una forma clara y didáctica, intentando realizar recomendaciones sobre políticas siempre que es posible, con la esperanza de que los diferentes análisis presentados aquí puedan resultar útiles a los miembros de la industria, los reguladores de la asistencia sanitaria y los decisores políticos e investigadores académicos.

Resumen ejecutivo

Capítulo 2 - Incentivos para innovar: una revisión

El segundo capítulo, de Walter García-Fontes, presenta una revisión general de la literatura económica sobre los incentivos a la innovación. Esta es una cuestión clave en la teoría de la innovación, dado que su conocimiento es crucial para la formulación de la política tecnológica. Los agentes privados financian la innovación mediante la iniciativa privada si tienen una perspectiva suficiente de un retorno razonable para sus inversiones, mientras que para otros agentes, como los investigadores académicos o los consorcios públicos-privados, los incentivos pueden estar en la mejora de su reputación personal o el avance en su carrera profesional. En esta revisión se contemplan las principales teorías y los resultados más importantes de la investigación empírica sobre los diferentes factores y determinantes de los incentivos para la innovación.

Capítulo 3 - Incentivos para la innovación: enfermedades desatendidas

Cuando la diferencia entre el beneficio social y el beneficio privado es muy grande, puede no haber incentivo privado alguno para la innovación. Esto es lo que ocurre en las denominadas "enfermedades desatendidas" que analiza Mary Moran en el capítulo 3. ¿Existen mercados para medicamentos para este tipo de enfermedades? ¿Pueden participar los medicamentos obtenidos mediante investigación subsidiada y con distribución altamente subsidiada en los mercados comunes? ¿Cuáles son los mecanismos que aportan incentivos a la innovación cuando no hay mercados tradicionales que puedan actuar para esos medicamentos? En este capítulo, Moran propone diferentes instrumentos y esquemas para mejorar las perspectivas de los incentivos a la innovación respecto a los fármacos destinados a las enfermedades desatendidas.

Capítulo 4 - Cuando las patentes no bastan: incentivos adicionales para la innovación farmacéutica

Aidan Hollis presenta en el capítulo 4 un análisis de los límites del sistema de patentes en la industria farmacéutica. Como ocurre en los medicamentos analizados en el capítulo anterior, hay situaciones en las que el valor de la recompensa que supone la patente es bajo en comparación con el valor social de las innovaciones, y en esos casos las compañías invertirán de manera insuficiente en las innovaciones, a pesar del alto valor social de la posible innovación. Hollis propone mecanismos alternativos a las patentes, como el *Health Impact Fund* (Fondo de Impacto en la Salud), que pueden ser útiles también para las enfermedades desatendidas, pero que pueden usarse de manera más amplia en la industria farmacéutica.

Capítulo 5 - Contribución de Estados Unidos, Europa y Japón al descubrimiento de nuevos fármacos: 1982-2003

En el capítulo 5, Henry Grabovsky analiza los diferentes instrumentos que se han aplicado en los Estados Unidos para mejorar su posición en la industria farmacéutica mundial. Ha habido un apoyo público a la investigación biomédica básica, a la transferencia de la investigación básica realizada en las universidades, así como un apoyo adicional por parte de los mercados de valores privados y públicos. Desde el lado de la demanda, el crecimiento de los planes de asistencia gestionada y las compañías de gestión de los derechos de farmacia han mejorado las perspectivas de los beneficios obtenidos con los medicamentos. El resultado global ha sido que los Estados Unidos son en la actualidad el líder mundial en el descubrimiento e introducción de nuevos grupos de medicamentos, como los productos primeros en su clase, biotecnológicos, globales y huérfanos. En este capítulo se presenta un interesante ejemplo de cómo la política pública orientada a la innovación biofarmacéutica puede aportar los incentivos adecuados para la innovación. Los instrumentos interaccionan y pueden incluir un apoyo a las transferencias de la investigación básica y la tecnología, una protección de la propiedad intelectual, una regulación de la seguridad y eficacia de los productos, y esquemas de precios.

Capítulo 6 - El uso del pago por resultados para los fármacos: ¿puede mejorar los incentivos para la innovación?

En el sexto capítulo de este libro, Adrian Towse, Louis Garrison y Ruth Puig-Peiró presentan un análisis de los efectos del pago por rendimiento aplicado a los medicamentos y de su efecto sobre los incentivos para la innovación. Tal como vimos en el capítulo 3, la regulación de los precios puede desincentivar las inversiones en I+D ya que puede impedir la obtención de retornos razonables si no se aplica de la forma correcta. El pago por resultados puede aportar, en cambio, un mecanismo transparente con el cual los compradores saben cuánto están pagando y las compañías tienen el incentivo adecuado para buscar futuras innovaciones. De todos modos, los prestadores de la asistencia sanitaria se muestran reacios a adoptar este tipo de mecanismos de precio y es posible que sea necesaria mayor investigación para determinar plenamente sus implicaciones. El capítulo presenta un comentario que facilita la comprensión de estos esquemas previos, presenta ejemplos que ilustran las ventajas e inconvenientes, y analiza el valor de estos esquemas como incentivo para la innovación.

Capítulo 7 - Regulación de los precios de los medicamentos: tendencias recientes y cuestiones desatendidas al final del proceso

En el capítulo 7, Joan Ramon Borrell revisa la literatura existente sobre la regulación de precios en el sector farmacéutico. La regulación de precios se ha empleado como mecanismo para el suministro de medicamentos autorizados, al tiempo que garantiza a las compañías farmacéuticas un flujo de ingresos para su crecimiento futuro. Los esquemas de precios más tradicionales, basados en esquemas de regulación/adquisición basados en el coste, se han ido transformando de manera creciente en controles de precio en dos etapas en la mayoría de países desarrollados. Estos controles se basan en dos estrategias. Para los fármacos cubiertos por una patente, regulación de incentivos y adquisición basados en acuerdos de ingresos compartidos, incentivos a los proveedores y gestión de la demanda. Para los fármacos no cubiertos por una patente y los fármacos genéricos, los mecanismos principales han sido, en cambio, la regulación de precios/adquisición. La principal cuestión que se plantea es el papel de los mayoristas y los farmacéuticos, y si la fijación de precios se está realizando de manera eficiente para garantizar un impulso adecuado de la innovación al inicio del proceso.

CAPÍTULO 2

Incentivos para innovar: una revisión

Walter García-Fontes

Introducción

Los incentivos para la innovación constituyen un elemento central de la teoría de la innovación, y conocer en qué forma en la que actúan dichos incentivos es crucial para la formulación de una política tecnológica fundamentada. Desde el punto de vista de la iniciativa privada, los innovadores financian de forma privada la innovación y luego utilizan los mecanismos de protección de la propiedad intelectual para obtener el retorno apropiado de esas inversiones. Para otros tipos de agentes, como los investigadores académicos o los consorcios públicos-privados, los incentivos pueden estar relacionados también con la reputación personal y el avance en la carrera profesional.

¿Cuáles son los incentivos corporativos para la involucración en la investigación básica o aplicada? ¿Encuentran los investigadores académicos incentivos para dedicar tiempo a la investigación aplicada? Estas cuestiones son de interés en el debate actual sobre cuán fuerte son los efectos de los derechos de propiedad intelectual. La aprobación en los Estados Unidos de la Ley Bayh-Dole, por ejemplo, partía del supuesto de que las empresas no tienen incentivos para invertir en las fases finales de I+D destinadas a desarrollar inventos universitarios, puesto que el resultado de esta investigación puede terminar siendo de dominio público. La evidencia empírica sobre los procesos de patentes y licencias no respalda claramente este argumento. En varias áreas tecnológicas, como las tecnologías biomédicas, las patentes protegen diferentes tipos de conocimientos, que van desde tecnologías de productos que son casi directamente comercializables hasta tecnologías de procesos que tienen un contenido más básico. El proceso de investigación en sí, y el contexto institucional utilizado para esa investigación que utiliza diferentes tipos de contratos cuando se da una colaboración, pueden afectar a las características del resultado, que es la patente que intenta proteger esa investigación.

Así pues, es necesario equilibrar los incentivos en todas las organizaciones que realizan I+D. Diferentes organizaciones tienen diferentes objetivos y no asignan el mismo valor a los resultados científicos y a las perspectivas comerciales. En la industria farmacéutica, las inversiones en investigación básica pueden no producir unos beneficios inmediatos, pero son cruciales para las capacidades a largo plazo y para la posibilidad de que las empresas innoven de manera continuada en sus productos. Por otra parte, las instituciones académicas y los centros de investigación básica dependen cada vez más de los ingresos producidos por patentes, licencias y contratos de investigación, puesto que la financiación pública ha ido disminuyendo. Así pues, es necesario establecer un equilibrio en los incentivos para aumentar el crecimiento en general y para obtener patentes y licencias que produzcan ingresos.

En esta revisión, presentamos una perspectiva general de los diferentes ejemplos existentes en la literatura que han intentado analizar la cuestión de los incentivos en la colaboración entre los distintos agentes con diferentes objetivos, finalidades e intereses, como universidades, laboratorios públicos y empresas.

Incentivos para innovar

Los incentivos para la innovación pueden producirse a través de diferentes canales. Por un lado, la interacción estratégica de las empresas en el mercado puede afectar a las perspectivas que las empresas tienen en cuanto a la inversión en I+D o cualquiera otra de las actividades que pueden aumentar las posibilidades de innovación. Por otro lado, la presión de una mayor demanda del mercado o una reducción de la incertidumbre de la demanda pueden producir también más incentivos para que las empresas aumenten su grado de innovación. Las inversiones directas extranjeras pueden tener también un efecto sobre la forma en la que las empresas domésticas contemplan las actividades de innovación y la cantidad que invierten en ellas. Y por último, hay también problemas contractuales que pueden mitigar el conflicto de intereses entre los agentes involucrados en actividades de innovación, cuando estos agentes tienen intereses diversos.

Competencia e innovación

La contribución clave en cuanto al análisis de los incentivos para innovar es la de Arrow (1962). En un modelo sencillo de innovación para la reducción de costes, este autor compara los incentivos en términos de beneficio de diferentes estructuras de mercado, y sus principales resultados indican que las empresas que se encuentran en entornos con competencia tienen un incentivo para innovar superior al de las empresas que mantienen poder de mercado. La simple intuición que subyace en este resultado es la de que una empresa competitiva tienen mucho más que ganar que una empresa monopolística, puesto que esta última tiene sin necesidad de innovar unos beneficios superiores a los de los niveles existentes en competencia.

La literatura empírica sobre la relación de innovación y competencia ha abordado el problema del sentido en el que se produce la causalidad. La literatura inicial ha utilizado la estructura de mercado como variable explicativa, pero la causalidad podría ir en el sentido contrario. La innovación puede afectar a la estructura del mercado por diferentes razones. Por ejemplo, parece razonable suponer que la I+D comporte unos costes fijos, o que la innovación vaya a modificar el patrón de crecimiento de la empresa en diferentes sectores, cambiando su estructura de mercado, o modificando finalmente la escala de producción eficiente, lo cual afectará al número y tamaño de las empresas.

Diversos estudios han abordado estas cuestiones de manera empírica. Blundell y cols. (1999), por ejemplo, observaron un efecto positivo y robusto de la cuota de mercado sobre la innovación examinando una muestra de empresas industriales británicas. Por otra parte, Aghion y cols. (2005) encontraron evidencias que indicaban que la relación entre competencia e innovación muestra una forma de U invertida, es decir, es una relación no monotónica. Por último, Tang (2006), con el empleo de una muestra de empresas industriales de Canadá, observa que los incentivos para innovar dependen de la medida de valoración de la competencia utilizada. Su principal conclusión es que la relación entre competencia e innovación es ambigua, puesto que depende de la percepción de la competencia específica y de la actividad de innovación específica.

Más recientemente, y a la vista de los resultados no concluyentes de la investigación con datos de campo sobre la relación entre competencia e incentivos para la innovación, ha habido algunos intentos de estudiar la cuestión en el laboratorio mediante experimentos. Un ejemplo de ello en la literatura es el de Darai y cols. (2010). Estos autores analizaron los efectos de la competencia sobre las inversiones en I+D destinadas a innovaciones de proceso. Mediante el aumento del número de empresas o el paso de la competencia de Cournot a la de Bertrand, intentan evaluar los efectos sobre las inversiones en I+D. Utilizan un experimento que simula un juego en dos etapas en el que, en la primera etapa las empresas deciden el nivel de inversiones en I+D y en la segunda compiten en el mercado del producto. Los autores observan que un aumento en el número de empresas reduce las inversiones en I+D, pero un paso de la competencia de Cournot a la de Bertrand aumenta las inversiones.

La demanda como incentivo para la innovación

La consideración de las características de la demanda como un incentivo para la innovación es un tema que aparece desde antiguo en la literatura sobre la innovación. Por ejemplo, Schmookler (1962) propuso que el tamaño del mercado y las perspectivas de margen de beneficio de las empresas dan forma a la cantidad y la dirección de las innovaciones. A esto se le ha denominado el efecto de incentivo que tiene la demanda sobre la innovación, según el cual la demanda del mercado tiene un efecto multiplicador sobre la innovación a través de los márgenes de beneficios de las empresas. De esta forma, la demanda del mercado se interpreta como una fuente de incentivos económicos para la invención. La demanda esperada, evaluada de forma indirecta mediante el tamaño del mercado, es importante para valorar los futuros beneficios y, por tanto, los incentivos para innovar debieran estar correlacionados positivamente con el tamaño del mercado o con cualquier otra variable que aporte información sobre las posibilidades de beneficios futuros.

Otro efecto potente de la demanda del mercado sobre la innovación es el que se produce a través de lo que se ha denominado el efecto de incertidumbre, que hace referencia a la canalización hacia las empresas del conocimiento sobre las necesidades del mercado, que reduce la incertidumbre acerca de los beneficios futuros de la empresa, y por tanto estimula la innovación.

El efecto directo de la demanda puede tener influencias más intensas en las innovaciones de proceso, puesto que es más fácil prever su efecto, mientras que el efecto de la incertidumbre puede influir en las innovaciones de producto. Fontana y Guerzoni (2008) han utilizado una muestra de empresas europeas de tamaño pequeño y medio para analizar empíricamente estos dos efectos. Con el uso del tamaño del mercado como indicador indirecto de la demanda futura, estos autores observaron que este tipo de incentivos económicos tienen una influencia positiva sobre la innovación, especialmente en cuanto a las innovaciones de proceso. En cambio, utilizando los contactos con los clientes como medida de la reducción de la incertidumbre, estos autores observaron también que las firmas que utilizan más este canal consideran la innovación de producto como la más importante.

Incentivos producidos por las inversiones directas extranjeras

Se ha observado que las inversiones directas extranjeras tienen efectos sobre los resultados de las empresas nacionales en los países que las albergan. Las sinergias tecnológicas entre empresas extranjeras y empresas nacionales pueden aportar incentivos adicionales para la innovación, y esto ha sido utilizado por los decisores políticos para intentar agitar la competitividad de las industrias locales; el ejemplo más destacado es el de China, en donde se aplicaron políticas agresivas para atraer flujos de inversión directa extranjera e intentar crear sinergias con empresas locales.

El canal a través del cual las inversiones directas extranjeras pueden influir en los incentivos a la innovación no está claro. La entrada de empresas multinacionales puede conducir a un aumento de la competencia y proporcionar un incentivo a las empresas locales para aumentar su eficiencia o para buscar innovaciones que les permitan mantener su competitividad. El principal canal a través del cual pueden producirse estos efectos positivos es el de lo que se han venido en llamar externalidades de demostración. La idea es que las firmas nacionales pueden mejorar su eficiencia, su organización o sus productos mediante los contactos formales o informales con empresas extranjeras, es decir, observando sus procesos productivos, intercambiando trabajadores o realizando transacciones con proveedores o clientes extranjeros. Pero el efecto de una mayor competencia extranjera puede ser también negativo, si las empresas nacionales no son capaces de competir y quedan retrasadas tecnológicamente, o si tienen que afrontar nuevas restricciones para el acceso a los factores de producción.

Brambilla y cols. (2009) proponen un canal adicional y resaltan los incentivos para innovar o imitar de las empresas nacionales frente al aumento de la competencia de las empresas extranjeras. Estos autores proponen un modelo de equilibrio parcial con empresas con diferentes niveles de productividad, en el que las empresas nacionales pueden o bien innovar mediante la introducción de una nueva línea de productos, o bien imitar una línea de productos ya existente. Al poner a prueba las predicciones de su modelo en una muestra de empresas industriales chinas, observaron que los principales incentivos para las empresas locales les llegan a través del canal de la imitación, sobre todo para las empresas de tamaño medio con un nivel de exposición a la competencia internacional inicialmente bajo.

Incentivos y contratos

Chen y Sappington (2011) ampliaron el modelo de Aghion y Bolton (1987) de los contratos exclusivos para analizar el caso en el que la I+D es relevante. En muchos sectores en los que la innovación y la I+D son lo que impulsa los resultados de las empresas, se pueden suscribir contratos que fomenten la exclusividad. Chen y Sappington ponen de relieve que los efectos de los contratos de exclusividad dependen del nivel de protección de las patentes y de las capacidades de I+D relativas de las empresas participantes. Observan que un contrato de exclusividad que reduzca la I+D para una empresa entrante puede aumentar el bienestar cuando hay un exceso de I+D debido a una protección intensa de las patentes. En cambio, un contrato de exclusividad puede reducir el bienestar cuando la capacidad de I+D es alta.

El conocimiento obtenido en las universidades se transfiere al sector privado principalmente a través de acuerdos de licencia, que son el método más utilizado, o mediante la creación de empresas derivadas (*spin-offs*).

La transferencia de un conocimiento obtenido con fondos públicos a empresas que desarrollan la parte posterior del proceso ha sido objeto de una amplia investigación. Cockburn y Henderson (1998) examinan esta transferencia en la industria farmacéutica, en la que hay un amplio apoyo público a la investigación y que constituye un sector intensivo en ciencia. Tal como argumentaron Cohen y Levintahl (1989) en un artículo clave, la base científica de la parte inicial del proceso agita la innovación en la industria farmacéutica pero a través de inversiones importantes en la investigación básica complementaria interna de las empresas y con cambios importantes en la organización interna. Se trata de inversiones costosas en lo que estos autores han denominado "capacidad absortiva", es decir, las inversiones necesarias para acumular conocimiento y competencias, y para gestionar la organización para ser capaces de utilizar el conocimiento externo. Cockburn y Henderson plantean que también es importante para las empresas farmacéuticas establecer conexiones directas con la comunidad científica, con objeto de ser capaces de incorporar los resultados científicos obtenidos en la investigación básica a su innovación de productos.

Otra cuestión interesante es el equilibrio de incentivos entre el tiempo dedicado a la investigación básica y el tiempo dedicado al desarrollo comercial. Esto es especialmente relevante, puesto que, en varios países, como por ejemplo los Estados Unidos con la Ley Bayh-Dole, se aplican incentivos para que los investigadores que suelen ser recompensados por la investigación básica dediquen más tiempo al desarrollo comercial de su conocimiento y a generar ingresos a través de patentes o licencias.

Banal-Estañol y Macho-Stadler (2010) proponen un modelo para analizar esos incentivos. En un modelo repetido un investigador debe decidir cuánto tiempo dedica a producir nuevas ideas innovadoras, que tienen valor tanto científico como comercial, o a utilizar la investigación previa y desarrollarla hasta obtener una innovación válida comercialmente. Sus resultados indican que la introducción de objetivos comerciales para los investigadores no sólo aumenta el tiempo dedicado al desarrollo comercial, sino que también afecta al programa de investigación básica, induciéndoles a llevar a cabo programas de mayor riesgo que podrían producir ideas de alta calidad. Estos autores caracterizan también el esquema de incentivación óptimo y muestran cómo inducir a las empresas orientadas a la investigación a aplicar un equilibrio óptimo de incentivos, e indican que incluso para las empresas con una orientación no científica puede ser óptimo reclutar a algunos científicos con objeto de disponer de los incentivos adecuados para realizar investigación.

Patentes e incentivos para innovar

Pasemos ahora a las patentes, el principal instrumento existente en la actualidad que es utilizado por la política tecnológica para proporcionar incentivos a las empresas para innovar. Por un lado, la existencia de patentes se ha justificado por la característica de bien público que tiene innovación y como medio para aportar el retorno apropiado a las inversiones en I+D.

Patentes: duración, alcance y amplitud

El principal argumento a favor de las patentes como incentivo para innovar es que fomentan la innovación *ex ante* al crear rentas de monopolio *ex post*.

Arrow (1962), en un trabajo clave, argumenta que las empresas invertirán de manera insuficiente en I+D, desde la perspectiva del bienestar social, puesto que no pueden obtener los beneficios plenos de sus inversiones en I+D. Los derechos de la propiedad intelectual pueden ser una forma de abordar este problema. Arrow comenta también varios tipos de contratos que pueden ser mejores que las patentes en determinadas situaciones. Otra contribución clave es la de Nordhaus (1969) que, en un trabajo teórico fundamental sobre las patentes, analiza los costes sociales y beneficios sociales y privados del sistema de patentes y establece la duración óptima de éstas desde el punto de vista de la sociedad. Nordhaus presenta las repercusiones sociales que tiene el sistema de patentes como un equilibrio de intercambio entre la eficiencia dinámica creada por los incentivos más fuertes para innovar y las ineficiencias monopolíticas que introduce un periodo de protección más largo.

Aparte de la duración óptima de una patente, los trabajos más recientes se han centrado en la amplitud o el alcance óptimos, o en combinaciones de estas diferentes dimensiones. El alcance de una patente es más difícil de medir que su duración, y en la literatura se han propuesto diferentes enfoques para ello. Gilbert y Shapiro (1990) han propuesto examinar la capacidad del titular de la patente de aumentar su precio, mientras que Klemperer (1990) ha examinado las repercusiones sobre los sustitutos próximos, y Lerner (1994) ha estudiado el número de clasificaciones secundarias.

Más recientemente, Acemoglu y cols. (2011) proponen un fundamento alternativo para la existencia de las patentes. Presentan un modelo en el que las patentes ayudan a los innovadores potenciales a experimentar con los nuevos conocimientos y permiten una transferencia *ex post* más eficiente, que es socialmente beneficiosa.

La justificación para la existencia de las patentes como incentivo para la innovación deriva también de la literatura sobre las carreras de patentes. En este caso, la idea es que cuando varias empresas participan en una carrera por la innovación, pueden llegar a un resultado exitoso de manera independiente, por lo que debe establecerse alguna regla legal para determinar quién es el propietario de la innovación. Una forma débil de protección es la del secreto comercial, en la que se permite a todos los innovadores utilizar la innovación, mientras que una forma más potente es la protección mediante patente, en la que solamente los primeros inventores tienen un derecho exclusivo, es decir, lo que en la literatura se ha denominado "el ganador se lo queda todo" (*winner takes all*).

Desde un punto de vista empírico, ha habido una amplia literatura que ha intentado evaluar las repercusiones que tiene el sistema de patentes sobre el bienestar social. Entre otros, Mansfield (1981) y Scherer (1980) han sugerido que hay una considerable diferencia entre el retorno social elevado y el retorno privado obtenido con la innovación. Estos autores observan que en la diferencia entre el retorno social y el privado subyace el grado de imitación, que provoca una inversión insuficiente en I+D privada, y que puede justificar la existencia de un sistema de patentes. En cualquier caso, la imitación es costosa y requiere una dedicación de tiempo, lo cual sugiere que hay otros muchos factores aparte de las patentes que pueden dificultar o favorecer la imitación, y que no está claro lo que sucedería si se modificara el sistema de patentes.

En un estudio empírico muy conocido, Manfield (1986) analizó los efectos del sistema de patentes sobre el grado de innovación en una muestra de empresas de Estados Unidos. Observó que el sistema de patentes tiene un efecto pequeño sobre la mayor parte de las industrias, con la excepción de las farmacéuticas y las químicas, en las que el sistema de patentes es esencial para proteger las grandes inversiones que son necesarias para incorporar la base de conocimientos obtenida en las fases previas de la investigación a la innovación de productos. No obstante, Mansfield resalta que la mayor parte de las industrias utilizan ampliamente el sistema de patentes, creando la denominada "paradoja de las patentes". Entre 1960 y 1980 se habló mucho de la reducción de la productividad de la I+D, pero no hubo ninguna disminución en la propensión a utilizar patentes en la mayor parte de las industrias (respecto a esta cuestión véanse los trabajos de Grilliches, 1980; 1989 y 1990; y Hall, 1994).

Se han realizado algunos otros estudios con encuestas para obtener datos directos sobre los efectos de las patentes y la forma en la que influyen en los incentivos para la innovación. El que se conoce como "estudio Yale" entrevistó a centenares de responsables de I+D para preguntarles sobre el papel de las patentes en diferentes sectores industriales (Levin, 1986; Levin y cols., 1987; Klevorick y cols., 1995). Se observó que hay diferencias sectoriales importantes en las condiciones de obtención de la propiedad de los beneficios y que el papel de las patentes varía considerablemente según el sector. En general, la literatura empírica ha indicado que la obtención de la propiedad de los beneficios derivados de las inversiones en I+D depende intensamente de otros factores, como el secreto o los tiempos de elaboración, aparte de las patentes.

Patentes e incentivos para la innovación en los países en desarrollo

¿Proporcionan las leyes de patentes incentivos a los emprendedores en los países en desarrollo para realizar inversiones arriesgadas en la innovación tecnológica? ¿Facilitan las leyes de patentes el desarrollo de mercados de tecnología en las redes de innovación tecnológica pública-privada? ¿Facilitan las leyes de patentes las colaboraciones Norte-Sur de innovación tecnológica?

Los incentivos para la innovación en los países en desarrollo han sido motivo de preo-cupación desde hace mucho tiempo para la difusión de las innovaciones. Desde el Acuer-do de la Organización Mundial del Comercio de 1994, todos los países miembros de la OMC deben cumplir ciertas normas mínimas de legislación sobre la propiedad intelectual y exigencia de su cumplimiento. La consecuencia ha sido que los países en desarrollo han empezado a aplicar niveles mayores de protección. Se ha dedicado una considerable inves-tigación a determinar si es conveniente fomentar la innovación tecnológica autóctona en los países en desarrollo.

Este debate ha generado una considerable literatura teórica y empírica en las últimas décadas. Por ejemplo, Helpman (1993) ha propuesto un modelo de equilibrio general de dos regiones, en el que considera alternativamente los grados de innovación exógena y endógena. Teniendo en cuenta solamente la imitación como actividad tecnológica en la región menos desarrollada, Helpman pone de relieve que, en ausencia de inversión extran-jera, la mayor rigidez de los derechos de la propiedad intelectual no implica la obtención de beneficios adicionales para el país en desarrollo. Según su análisis, a pesar de que el grado de innovación sea sensible a los derechos de la propiedad intelectual, se produce un aumento inicial en el grado de innovación, pero éste es tan solo transitorio y se ve contrarres-tado por las disminuciones posteriores.

Otros dos ejemplos de planteamientos teóricos sobre la misma cuestión son los de Lai y Qiu (2001) y Grossman y Lai (2002). En ellos se analiza tanto la innovación como la imi-tación y se mide el nivel de protección mediante el análisis de la duración óptima de las patentes en dos situaciones, antes y después del cambio introducido por los acuerdos inter-nacionales de la OMC. Uno de los resultados principales indica que cuanto mayor es la pro-tección en el país desarrollado, menor es la duración óptima de la patente en el país en desarrollo.

Tras estos debates teóricos, ha habido varios estudios empíricos que han intentado abordar esta cuestión.

Por ejemplo, McCalman (2001) ha estimado el aumento del valor de las patentes con-cedidas a extranjeros y de las patentes en vigor en el extranjero para una muestra de países en desarrollo y desarrollados. Según sus cálculos, todos los países en desarrollo y algunos de los países desarrollados de su muestra terminaron en una situación peor tras la aplica-ción de los acuerdos de la OMC.

Forero-Pineda (2006) observa que el posible efecto positivo de una mayor protección de los derechos de la propiedad intelectual en los países en desarrollo podría ser más que contrarrestado negativamente por las consecuencias negativas sobre la comunidad cientí-fica del país, dado que pueden verse perjudicados los intercambios científicos internacio-nales y pueden no producirse las externalidades positivas hacia las comunidades científicas locales.

Otro ejemplo es el de Ryan (2010) que presenta un estudio de cinco proyectos de inven-ción e innovación en tecnología biomédica posteriores a la reforma de la ley de patentes en el estado de Sao Paulo (Brasil). Sus resultados respaldan la idea de que las patentes han pro-porcionado más incentivos a los emprendedores de tecnología biomédica de Brasil para realizar inversiones arriesgadas en innovación. También observa que las mayores posibili-dades de patentar han facilitado los mercados de tecnología en las redes de innovación tecnológica públicas-privadas.

Calidad de las patentes

Una cuestión final importante es que no todas las patentes son igual de valiosas y que hay un sesgo considerable en la distribución de cualquier variable relacionada con la calidad de las patentes. Se han utilizado diferentes medidas para determinar el valor de una patente.

Meyer y Tang (2007) presentan una revisión de los diferentes métodos que se han propuesto para valorar la calidad de las patentes. La relación de indicadores de la calidad, así como los factores que los determinan, es muy amplia. En ambos conjuntos de información (aunque no de forma simultánea), es posible encontrar características de las patentes, como: número de citas, tamaño de la familia, número de solicitudes, alcance tecnológico, si ha habido alguna oposición o litigio respecto a la patente.

Sapsalis y Van Pottelsberghe de la Potterie (2007) proponen otros factores determinantes adicionales del valor de la patente, basados en las fuentes institucionales de conocimiento utilizadas para producir la patente y en el ámbito geográfico de la estrategia de establecimiento de patentes. Los autores aplican estos nuevos indicadores del valor de la patente a una muestra de patentes académicas de universidades belgas. Observan que, tras introducir un control respecto a la edad y el campo tecnológico, el determinante más importante del valor de una patente académica es el número de citas de la patente retrospectivamente. También señalan que las citas retrospectivas a la propia patente indican un valor de la patente inferior, al reflejar probablemente una invención de una naturaleza más incremental. Por lo que respecta al ámbito geográfico, observan que la expansión de la patente a EEUU o Japón aumenta el valor de la misma.

El modelo de software de código fuente abierto para la innovación

Existe un modelo de innovación en el que casi no hay incentivos pecuniarios o monetarios para los innovadores, el denominado modelo de innovación abierta. Un ejemplo de dicho modelo es el modelo de innovación de software de código fuente abierto. En algunas investigaciones recientes se ha intentado determinar cuáles son los incentivos que subyacen en este tipo de modelo de innovación, ya que este conocimiento podría ser útil para explicar los incentivos para la innovación en general.

El modelo más radical de conocimiento compartido es el denominado "modelo de innovación privada-colectiva", según el término acuñado por Hippel y von Krogh (2003). En este modelo, el innovador pierde los derechos sobre todos los instrumentos para la apropiación del retorno producido por la innovación y sólo conserva una propiedad parcial sobre el derecho de propiedad intelectual creado. Si no hay un retorno como consecuencia de la innovación, ¿de dónde proceden los incentivos para este tipo de innovaciones? Al menos por lo que respecta al software de código fuente abierto, los incentivos proceden de la recompensa que los innovadores obtienen de la comunidad. Si innovan y se crean una reputación de mantener una conducta coherente, es decir, se atienen a las normas sociales de la comunidad, pueden obtener a su vez ayuda y apoyo para sus tareas de desarrollo, pueden mejorar su perfil de empleo y pueden aumentar su reputación pública como desarrolladores, lo cual puede comportar luego recompensas monetarias en el futuro. Algunos estudios como los de Hertel y cols. (2003) y Roberts y cols. (2006)

han puesto de manifiesto que las recompensas que obtienen los innovadores de código fuente abierto compensan sus costes de contribución, lo cual justifica su conducta desde un punto de vista económico. En cualquier caso, se plantea la cuestión de por qué estos proyectos de código fuente abierto se inician antes de que haya una comunidad de desarrolladores que permita que estos mecanismos empiecen a actuar. Gächter y cols. (2010) presentan también un modelo teórico en el que muestran que en un juego de coordinación con múltiples equilibrios, puede iniciarse una configuración de innovación privada-colectiva, y respaldan este modelo como evidencia experimental acerca de esa conducta. Su evidencia empírica indica que el hecho de compartir el conocimiento en una innovación privada-pública implica, aparte de los incentivos materiales, también preferencias sociales; por ejemplo, este modelo de innovación puede verse influenciado por motivos de equidad.

Conclusiones

En las últimas décadas ha aparecido un volumen considerable de literatura económica y de gestión dedicada al conocimiento de los incentivos para la innovación y el papel de las patentes y otros derechos de la propiedad intelectual.

Desde un punto de vista teórico, se ha propuesto una justificación para las patentes y otros medios de asegurar un poder de monopolio *ex-post* a los innovadores. Pero también hay argumentos que respaldan otros canales para el apoyo a las innovaciones, como la presión de la demanda y el tamaño del mercado, la reducción de la incertidumbre o incluso cuestiones de reputación, como en el modelo de innovación abierta.

Desde un punto de vista empírico, continúa habiendo mucho margen para nuevas investigaciones, ya que son necesarios conjuntos de datos más ricos y experimentos de laboratorio o naturales controlados, para proporcionar más evidencias respecto al sentido en el que se produce la causalidad de la innovación y los diferentes incentivos para ello, así como para la cuantificación de los efectos que intervienen en ello.

BIBLIOGRAFÍA

Acemoglu D, Bimpikis K, Ozdaglar A. Experimentation, patents and innovation. AEJ: Microeconomics. 2011;3:37-77.

Aghion P, Bolton P. Contracts as a Barrier to Entry. American Economic Review. 1987;77(3):388-401.

Aghion P, Bloom N, Blundel R, Griffith R, Howitt P. Competition and Innovation: an Inverted-U Relationship. Quarterly Journal of Economics. 2005;120:701-28.

Arrow K. Economic Welfare and the Allocation of Resources for Inventions. In: Nelson R, editor. The Rate and Direction of Inventive Activity. Princeton, NJ: Princeton University Press; 1962.

Basberg B. Patents and the measurement of technological change: A survey of the literature. Research Policy. 1987;16:131-141.

Brambilla I, Hale G, Long C. Foreign direct investment and the incentives to innovate and imitate. Scandinavian Journal of Economics. 2009;111(4):835-61.

Blundell R, Griffith R, Van Reenen J. Market Share, Market Value and Innovation in a Panel of British Manufacturing Firms. Review of Economic Studies. 1999;66:529-54.

Chen Y, Sappington DEM. Exclusive contracts, innovation and welfare. AEJ: Microeconomics. 2011;3:194-220.

Cockburn I, Henderson RM. Absorptive Capacity, Coauthoring Behavior, and the Organization of Research in Drug Discovery. Journal of Industrial Economics. 1998;46(2):157-82.

Cohen WM, Levintahl DA. Innovation and learning: the two faces of R&D. Economic Journal. 1989;99:569-96.

Darai D, Sacco D, Schmutzler A. Competition and innovation: an experimental investigation. Experimental Economics. 2010;13:439-60.

Fontana R, Guerzoni M. Incentives and uncertainty: an empirical analysis of the impact of demand on innovation. Cambridge Journal of Economics. 2008;32:927-46.

Gächter S, von Kroghb G, Haefligerb S. Initiating private-collective innovation: The fragility of knowledge sharing. Research Policy. 2010;39:893-906.

Gilbert R, Shapiro C. Optimal patent length and breadth. RAND Journal of Economics. 1990;21(1): 106-12.

Griliches, Z. R&D, Patents, and Productivity. Chicago, IL: University of Chicago Press; 1984.

Griliches Z. Patents: recent trends and puzzles. Brookings Papers on Economic Activity: Microeconomics. 1989;1:291-330.

Griliches Z. Patent statistics as economic indicators: a survey. Journal of Economic Literature. 1990; 28(4):1661-707.

Grossman G, Lai E. International Protection of Intellectual Property. NBER Working Paper No. 8704. Cambridge, January 2002.

Hall BH. Industrial Research during the 1980s: Did the Rate of Return Fall?. Cambridge, MA: NBER; 1994.

Helpman E. Innovation, imitation, and intellectual property rights. Econometrica. 1993;61: 1247-80.

Hertel G, Niedner S, Herrmann S. Motivation of Software Developers in open source Projects: an Internet-based survey of contributors to the Linux Kernel. Research Policy. 2003;32:1159-77.

Klemperer P. How broad should the scope of patent protection be? RAND Journal of Economics. 1990;21(1):113-30.

Klevorick AK, Levin RC, Nelson RR, Winter SG. On the source and significance of interindustry differences in technological opportunities. Research Policy. 1995;24(2):185-205.

Lai E, Qiu L. The North's Intellectual Property Rights - Standard for the South? City University of Hong Kong. Working Paper, October 2001.

Levin RC. A new look at the patent system. American Economic Review. 1986;76(2):199-202.

Levin RC, Klevorick NRR, Winter SG. Appropriating the Returns from Industrial Research and Development. Brooklings Papers on Economic Activity. 1987;3:783-831

Meyer M, Tang P. Exploring the value of academic patents: IP management practices in UK universities and their implication for third-stream indicators. Scientometrics. 2007;2:415-40.

Roberts J, Hann I-H, Slaughter S. Understanding the motivations participation and performance of open source software developers: a longitudinal study of the Apache projects. Management Science. 2006;52:984-99.

Ryan M. Patent incentives, technology markets and public-private bio-medical innovation networks in Brazil. World Development. 2010;38(8):1082-93.

Sapsalis E, Van Pottelsberghe de la Potterie B. The institutional sources of knowledge and the value of academic patents. Economics of Innovation and New Technologies. 2007;16(2):139-57.

Tang J. Competition and Innovation Behaviour. Research Policy. 2006;35:68-82.

von Hippel E, von Krogh G. Free revealing and the private-collective model of innovation incentives. R&D Management. 2006;36:295-306.

CAPÍTULO 3

Incentivos para la innovación: enfermedades desatendidas

Mary Moran

Introducción

Los incentivos para estimular una mayor innovación en la industria farmacéutica se aplican en la mayoría de los países de la OCDE, pero son más necesarios que nunca cuando se trata de las llamadas "enfermedades desatendidas" (ED). Se trata de enfermedades como la malaria, la tuberculosis y las infecciones helmínticas, que afectan a centenares de millones de pacientes pobres en los países en desarrollo. Nos centraremos aquí en la forma de estimular la innovación de la industria respecto a esas enfermedades, y en cuándo serán necesarias vías alternativas para la innovación.

La *Commission on Macroeconomics and Health* clasificó las enfermedades en tres categorías en función de los rendimientos comerciales de mercado[i]:

— Las enfermedades de tipo I tienen mercados comerciales sustanciales y una actividad de I+D ajustada a ellos, por ejemplo, diabetes, hipertensión.

— Las enfermedades de tipo II tienen mercados semicomerciales modestos y, en consecuencia un nivel modesto de I+D, por ejemplo, malaria en viajeros y militares, tuberculosis europea.

— Las enfermedades de tipo III no tienen prácticamente ningún mercado comercial y tienen una I+D muy limitada, por ejemplo, enfermedad de Chagas, úlcera de Buruli.

Las "enfermedades desatendidas" comprenden tradicionalmente las de los tipos II y III

Antes de continuar, plantearemos dos cuestiones que parecen de sentido común, pero que a menudo afectan negativamente a los debates sobre incentivos para la I+D sobre las

---

[i] Commission on Macroeconomics and Health (2001). Macroeconomics and Health: Investing in Health for Economic Development. Disponible en: http://whqlibdoc.who.int/publications/2001/924154550x.pdf [acceso: noviembre de 2010].

enfermedades desatendidas. En primer lugar, solamente un mercado es un mercado. Un mercado es automático, es impulsado por la oferta y la demanda que actúan a través de la conexión del precio, financiado por el consumidor y flexible. Los fondos públicos, no pueden ser, ni siquiera cuando adoptan la forma de fondos para adquisición, un mercado en el sentido habitual del término. A menudo no son automáticos; con frecuencia desligan la oferta de la demanda (como hacen los seguros de salud) ya que el comprador no es el consumidor; y es habitual que sean poco seguros, como consecuencia de los cambios de gobierno o de política gubernamental, y rígidos.

La segunda cuestión se refiere a las patentes y la innovación. Las patentes son básicamente un indicador sustitutivo de los beneficios: estimulan la innovación al recompensar al innovador con unos derechos de monopolio de la invención en el mercado. Si no hay un mercado que permita obtener un beneficio, la patente carece básicamente de valor y, por tanto, desempeña un papel escaso o nulo en la estimulación de I+D. Esto se pone de manifiesto tanto en la falta de I+D para las enfermedades desatendidas, como en la voluntad de las compañías de poner su propiedad intelectual a la libre disposición de otros para su desarrollo en las enfermedades desatendidas (por ejemplo, conjuntos de patentes y detección sistemática de compuestos). Un reciente análisis del *National Bureau of Economic Research* (NBER) sobre los países de rentas altas, medias y bajas ha confirmado que:

> *"La diferencia entre los trabajos de I+D dirigidos a las enfermedades globales y las enfermedades desatendidas es motivada principalmente por la diferencia de ingresos de los individuos afectados, más que por una diferencia en la protección por patentes por sí sola."* [ii].

Sin embargo, debemos señalar que las cuestiones relativas a la propiedad intelectual desempeñan un papel importante en las enfermedades de tipo II, como el VIH, que tienen mercados comerciales en los países occidentales y mercados no comerciales en los países en desarrollo. También intervienen en las empresas nacionales de los países BRIC (Brasil, Rusia, India y China), que pueden percibir como valioso el mercado local de las enfermedades desatendidas: sin embargo, esto puede ser una ventaja si la innovación para los pacientes nacionales es el resultado deseado. No obstante, en general, el principal determinante (y la oportunidad) para la I+D en las enfermedades desatendidas es el complejo equilibrio entre los posibles beneficios y los posibles costes.

Tipos de mercados

Mercados comerciales (con posibilidad de beneficio)

Si existe un mercado, se producirá innovación (en presencia de una protección de las patentes) sin necesidad de incentivos a las empresas, para las que el mercado es suficiente. En la práctica, algunas enfermedades clasificadas como ED de tipo II se encuentran en esta categoría como consecuencia de un solapamiento con mercados comerciales de los países occidentales. Por ejemplo, el solapamiento de las fuerzas del mercado occidental lleva a la creación de antibióticos para la neumonía y de fármacos antirretrovirales para

---

[ii] NBER Working paper series: Investments in pharmaceuticals before and after TRIPS.

el sida. La cuestión clave respecto a esas enfermedades es el acceso, puesto que los pacientes con un poder adquisitivo inferior al del mercado quedan excluidos del acceso a los tratamientos.

Mercados limítrofes

Si un mercado está en el límite de lo que es un mercado comercial, el balance de coste-beneficio puede ser decantado de manera favorable por la política y la reglamentación gubernamentales, y en ese momento actuará como mercado autosostenido, generando innovación por la perspectiva de beneficios. Muchas enfermedades desatendidas de tipo II y algunas de tipo III tienen mercados limítrofes. Estos mercados se encuentran en dos categorías:

— El mismo producto es apropiado para los mercados occidentales y los de los países en desarrollo (es decir, no debe hacerse una I+D adicional para desarrollar un producto para el uso a nivel mundial), pero, incluso tomado en conjunto, el mercado total es demasiado pequeño para que tenga interés comercial para la mayoría de las empresas (o para alguna de ellas). Por ejemplo, el mercado de los tratamientos de la malaria, que son utilizados por algunos pacientes militares y viajeros occidentales, así como por muchos millones de pacientes de países en desarrollo.

— El mercado occidental *tiene* interés comercial, pero es necesario un producto ligeramente diferente para el mercado de los países en desarrollo. La I+D adicional necesaria para crear el producto para el país en desarrollo suele ser más barata (puesto que puede aprovechar el trabajo comercial ya realizado) pero el mercado del país en desarrollo continúa siendo insuficiente para compensar ni siquiera este coste reducido. Son ejemplos típicos las vacunas para la neumonía, la meningitis o el VIH que deben abordar las cepas propias del país en desarrollo que son infrecuentes en los pacientes occidentales que padecen esas enfermedades. Algunos productos veterinarios para enfermedades de tipo III que afectan tanto al ser humano como a los animales pueden encontrarse también en esta categoría; por ejemplo los tratamientos para la leishmaniasis.

Mercados no comerciales

Estos mercados son demasiado pequeños para estimular la innovación por parte de ninguna empresa. Es decir, cualquier valor del precio que cubra la I+D y un retorno comercial normal será demasiado alto para los compradores. La mayor parte de ED de tipo III se encuentran en esta categoría.

Mercados para empresas diferentes

La cuestión clave a tener en cuenta al diseñar incentivos para la I+D farmacéutica es que el atractivo o no de un mercado de enfermedad desatendida *no es determinado por el posible tamaño del mercado*, sino por el equilibrio entre tamaño del mercado, coste y riesgo de la I+D y nivel de retorno que la compañía farmacéutica pretende obtener normalmente.

El tamaño de un mercado no depende tan solo del número de pacientes multiplicado por su poder adquisitivo. También depende de la capacidad de acceso coste-efectivo a estos pacientes, por lo que los pacientes urbanos constituyen un mercado más viable que el de los pacientes de áreas rurales remotas; las enfermedades que se concentran de forma regional pueden ser más atractivas que las que están dispersas en todo el mundo; y los países con una aprobación de comercialización rápida pueden ser más atractivos que aquellos en los que son necesarios muchos meses o incluso años para que se autorice el uso de un producto. Además, algunos mercados de productos son intrínsecamente menos fiables, por ejemplo los mercados del VIH o de la vacuna para el cáncer de cuello uterino pueden comportar un riesgo debido a la preocupación existente en algunos sectores de la sociedad en cuanto a que estas vacunas puedan fomentar la promiscuidad.

Los costes de la I+D son igualmente complejos, y dependen de cuatro factores clave:

— Diferentes **enfermedades** tienen costes de I+D muy diferentes. Las enfermedades agudas pueden utilizar ensayos clínicos breves, de tan solo 30 días, mientras que las enfermedades crónicas pueden requerir ensayos de varios años. La presencia de indicadores indirectos del resultado en algunas enfermedades (por ejemplo, hipertensión, VIH) permite que los ensayos de fármacos sean significativamente más cortos que los realizados en enfermedades como la tuberculosis en las que los pacientes deben ser objeto de un seguimiento durante años para determinar la efectividad del producto. El estado al que ha llegado la ciencia en cuanto a una determinada enfermedad desempeña también un papel crucial: si no se conocen bien la etiología, los vectores, las respuestas inmunitarias y las dianas (como en la tuberculosis latente o la úlcera de Buruli), una empresa farmacéutica que decida iniciar la búsqueda de un nuevo método diagnóstico o de un nuevo tratamiento corre un riesgo de fracaso muy superior al de una empresa que desarrolla un tratamiento para una enfermedad como la hipertensión o la malaria, que son bien conocidas.

— Diferentes **productos** tienen costes y riesgos de I+D muy diferentes. Si se tiene en cuenta el coste del fracaso, los métodos diagnósticos tienen un coste de desarrollo del orden de $2 millones a $30 millones, un tiempo de desarrollo corto (3-5 años) y se enfrentan a obstáculos de bajo nivel a la hora de la autorización por las autoridades reguladoras. Los fármacos tienen un coste de unos pocos centenares de millones, pueden tardar 7-12 años en ser desarrollados y afrontan unas exigencias de regulación superiores; sin embargo, las reformulaciones o nuevas combinaciones de dosis fijas (CDF) de productos ya existentes pueden tener unos riesgos y costes especialmente bajos. Las vacunas son las que plantean mayores dificultades, con un coste de centenares de millones, un desarrollo durante hasta 15 años y la exigencia de aumento de la capacidad de fabricación, así como ensayos en muchos miles de pacientes[iii].

— Diferentes **fases de I+D** tienen diferentes costes y riesgos. La investigación básica es la que tiene un mayor riesgo científico pero con el menor coste; y el riesgo disminuye y el coste aumenta a medida que la investigación avanza a las fases iniciales del

---

[iii] Por ejemplo, los costes de descubrimiento y desarrollo de un nuevo fármaco para la tuberculosis se han estimado en US$ 115-240 millones, incluido el coste del fracaso, mientras que el desarrollo de una vacuna desde la investigación y descubrimiento hasta el registro se ha estimado en US$ 200 a US$ 500 millones, incluyendo también el coste del fracaso, y otras estimaciones son aún mayores.

desarrollo y luego a los estudios clínicos en humanos. Como ejemplo cabe citar que una vacuna para la malaria en una fase avanzada puede requerir ensayos de dos años en 16.000 niños y lactantes en media docena de países endémicos; además de la construcción de una planta de fabricación. En cambio, las pruebas iniciales de una vacuna para la malaria pueden realizarse en 30 a 40 adultos sanos en centros de ensayo ya existentes de países de rentas altas, con un seguimiento de unas pocas semanas.

— Diferentes **compañías** tienen estructuras de costes muy diferentes. Las compañías multinacionales (CMN) con una infraestructura mundial amplia tienen unos costes generales superiores a los de las compañías farmacéuticas y de biotecnología más pequeñas de países occidentales (PYME) con un personal de 30-40 personas. Las empresas de los países BRIC tienen unos costes salariales significativamente inferiores a los de las empresas occidentales, y también pueden tener un ahorro significativo en cuanto a infraestructura física y realización de los ensayos clínicos. Estas empresas difieren también en cuanto a su retorno mínimo aceptable, puesto que las CMN indican a veces una cifra de $500m-700m como el mercado mínimo necesario para justificar una inversión en I+D. En cambio, las empresas de países en desarrollo innovadores (PDI), pueden considerar que incluso los mercados de subastas internacionales y de genéricos con márgenes bajos son lo suficientemente atractivos como para justificar la producción.

La interacción de estos factores hace que diferentes áreas de productos para enfermedades desatendidas tengan mercados más o menos atractivos para diferentes empresas. Tal como se muestra en la Tabla 3-1, hay muchas más áreas que pueden ser de interés comercial para las compañías de PDI (si su capacidad tecnológica se lo permite) que para las PYME, y también hay más para las PYME que para las CMN. En pocas palabras, el único campo de interés comercial para las CMN es el desarrollo de fármacos para el VIH, mientras que el desarrollo de vacunas para el rotavirus y la neumonía para ser utilizadas en los países en desarrollo son limítrofes en cuanto a lo que puede tener interés[iv]. El interés comercial de las PYME se extiende a los fármacos, métodos diagnósticos y vacunas para el VIH, mientras que los mercados de la tuberculosis son limítrofes en cuanto a su interés. En cambio, las empresas de PDI son activas en los campos del diagnóstico de VIH, tuberculosis y malaria, en las CDF y en las reformulaciones, pero también encuentran de un interés comercial limítrofe el VIH, la tuberculosis y el paludismo. Esta división refleja probablemente su capacidad actual de desarrollo de nuevos fármacos y vacunas y es muy probable que cambie a medida que crezca su capacidad farmacéutica. No hay casi ninguna empresa que encuentre comercialmente atractivo el campo de las enfermedades tropicales desatendidas (ETD), al menos para el desarrollo de productos de medicina humana (la actividad veterinaria es una cuestión diferente).

[iv] Comercial se define como una actividad de la industria independiente, impulsada por el mercado, incluso en ausencia de incentivos. Limítrofe se define como una actividad de la industria en presencia de incentivos o de una inversión de carácter benéfico; o, para las PYME, una actividad realizada por 1- 10 empresas, con o sin incentivos.

Tabla 3-1. Mercados para las diferentes empresas

	Vacuna para neumonía para países en desarrollo	Vacuna para rotavirus para países en desarrollo	Fármacos para VIH	Métodos diagnósticos para VIH	Vacunas para VIH	Vacunas para tuberculosis	Fármacos para tuberculosis	Métodos diagnósticos para tuberculosis	Fármacos para malaria	Métodos diagnósticos para malaria	Vacunas para malaria	ETD
Empresas de PDI												
Métodos diagnósticos				S				?		S		N
CDF/ reformulaciones			S				S		S			N
Nuevos fármacos			~				~		~			N
Nuevas vacunas	~	~			?	?					~?	N
Empresas PYME												
Métodos diagnósticos				S				S		~N		N
CDF/ reformulaciones			S				N		~			N
Nuevos fármacos			S				~		~			N
Nuevas vacunas					S	~					~	N
Compañías farmacéuticas multinacionales												
Métodos diagnósticos				~N				~S		N		N
CDF/ reformulaciones			S				N		N			N
Nuevos fármacos					N		~N		N			N
Nuevas vacunas	~	~				N					N	N

S: comercial ; ~ : limítrofe; N: no comercial; CDF:combinaciones de dosis fijas; ETD: enfermedades tropicales desatendidas; PDI: países en desarrollo innovadores.

Incentivos para estimular la innovación farmacéutica

Cuando el atractivo de los mercados es insuficiente para generar productos que son necesarios para alcanzar los objetivos de salud pública, los gobiernos intervienen a menudo para decantar el balance de coste-beneficio hacia el lado del beneficio. Lo hacen aplicando diversos tipos de incentivos que tienen uno de estos dos objetivos:

— Aumentar los beneficios de la industria sin reducir los costes y tiempos de I+D. Estos enfoques pretenden generar un aumento de los ingresos a través de la creación de más ventas o de un aumento del retorno sobre las ventas (véase la Tabla 3-2).

— Reducir el coste, tiempo y riesgo de la I+D de la industria. Estos enfoques pretenden reducir los costes con objeto de inclinar la balanza hacia un mayor beneficio (véase la Tabla 3-2).

Hay muchos de estos métodos que se están aplicando o que se han propuesto como incentivos para la innovación farmacéutica en los casos de enfermedades desatendidas. El objetivo principal de estos incentivos es proporcionar fondos de la forma más eficiente, es decir, generando el máximo retorno con el mínimo de desembolso. Esto implica identificar qué mercados son atractivos, limítrofes o no atractivos para qué sectores de la industria y ajustar los incentivos en función de ello. Intentar hacer que mercados que no son atractivos para ciertos desarrolladores pasen a serlo es mucho más caro y difícil que centrarse en los mercados que ya son atractivos o limítrofes para esos grupos. También es importante reconocer que algunos mercados no serán nunca atractivos para ningún desarrollador, o bien porque son demasiado pequeños o bien porque la ciencia en ese campo es demasiado difícil o incierta en un futuro previsible.

Un segundo factor a tener en cuenta al diseñar incentivos es si tienen como objetivo generar beneficios "a nivel de industria" o aceptar un retorno en el punto de equilibrio o incluso una pérdida. Un enfoque centrado en el beneficio no es viable para los mercados no comerciales: simplemente invita a desperdiciar financiación pública y filantrópica en una batalla costosa por aumentar el retorno y reducir los costes en la medida necesaria para satisfacer a los grupos comerciales. No obstante, aunque es difícil, es posible adoptar un enfoque centrado en el beneficio para algunos mercados limítrofes. Cuanto mayor es el mercado occidental para una enfermedad limítrofe, más probable es que dé resultado un enfoque centrado en el beneficio; la tuberculosis es un buen ejemplo. Un enfoque de este tipo tiene la ventaja de utilizar los incentivos del mercado para motivar a más empresas a llevar a cabo la I+D deseada. Los enfoques previos centrados en el beneficio suelen ser más caros que los enfoques de "punto de equilibrio", dado que los donantes públicos y filantrópicos deben financiar el margen de beneficio adicional, a menos que el incentivo se diseñe para asegurar una financiación parcial o plena por parte de los consumidores occidentales. Las empresas a las que se dirigen pueden contemplar también una prima de riesgo debida a la incertidumbre de la financiación pública y filantrópica. Una última consideración en cuanto al diseño de incentivos basados en el beneficio es la naturaleza de las empresas a las que se dirigen. A los financiadores públicos les resulta realmente muy difícil igualar las expectativas de beneficio de las CMN: en la mayoría de los casos, una CMN sólo se involucrará si están dispuestos a aceptar retornos inferiores a la media. En cambio, las empresas de PDI y las PYME tienen una mayor probabilidad de responder a incentivos basados en

Tabla 3-2. Incentivos propuestos para mercados de enfermedades desatendidas (y ejemplos de la OCDE como comparación)

Enfoque	Ejemplo de la OCDE	Ejemplo de enfermedad desatendida	Apropiado para… L = mercados limítrofes N = no-mercados
Políticas de aumento de los beneficios de la industria sin modificar los costes de I+D			
Aumento de la demanda/acceso Uso de fondos públicos para subsidiar el precio al consumidor	PBS, NHS Medicaid	AMFm para fármacos para la malaria (TCA) AMC para vacunas contra la neumonía (copago GAVI) Health Impact Fund*	L N
Publicidad	DTCA en los Estados Unidos	N/D para países en desarrollo ya que la carga se desplaza al consumidor	NO APROPIADO
Descuentos por compras de gran volumen (pero si el precio unitario es demasiado bajo, esto puede no traducirse en un aumento de ingresos para la industria)	Fondos de seguros de salud de EEUU	AMFm TB Global Drug Facility Vacunas de UNICEF	L N
Contratos de adquisición pública (pueden incluir o no descuentos por compras de gran volumen)	Proyecto Bioshield	AMFm AMC	L N

Tabla 3-2. Continuación

Enfoque	Ejemplo de la OCDE	Ejemplo de enfermedad desatendida	Apropiado para... L = mercados limítrofes N = no-mercados
Aumento de márgenes			
Permite primas de precio	Mercado de EE UU (no Medicaid) PAGA EL CONSUMIDOR	Primas de precio de los consumidores occidentales y/o fondos públicos: - PDP-FF (consumidores y público) - AMC (público)	L N – menos apropiado ya que es muy caro para el sector público
Aumento de la duración de la patente/comercialización	Legislación sobre fármacos huérfanos - PAGA EL CONSUMIDOR Extensión pediátrica - PAGA EL CONSUMIDOR	Los consumidores occidentales aportan un subsidio cruzado a los usuarios del país en desarrollo: - PRV para un producto comercial no relacionado - Huérfano (extensión de mercado para un producto para enfermedad desatendida en Occidente)	L No para L-adaptado N - PRV sí/ Huérfano No
Pagos de premios (además de las ventas del mercado habitual)	InnoCentive Fundación X-Prize	InnoCentive (modesto) Grandes retos Gates Premio de diagnóstico de tuberculosis (Canadá) Fondo para premio en la enfermedad de Chagas Premios KEI	L N- Utilizable, pero más caro

Tabla 3-2. Continuación

Políticas para reducir los costes y tiempo de I+D de la industria con objeto de decantar la balanza hacia un mayor beneficio

Enfoque	Ejemplo de la OCDE	Ejemplo de enfermedad desatendida	Apropiado para... L = mercados limítrofes N = no-mercados
Reducción de costes de I+D Regulación simplificada	Paso de la carga de la prueba de la fase III a la fase IV	Probablemente no sea segura, dados los malos resultados de fase IV en muchos países en desarrollo, por lo que no se recomienda	L N
Desarrollo simplificado	Variables de valoración sustitutivas para los primeros medicamentos para el VIH EC Innovative Meds Initiative (desarrollo compartido previo a la competencia)	Fuente abierta (Synaptic Leap, etc.) Agrupación de patentes	L N
Mercados con subsidio cruzado	Cambio de finalidad para fármacos existentes (I+D intensamente subsidiada por la I+D original)	Todas las compañías cuando pueden (por ejemplo, Prozac para la pérdida de la libido de las mujeres) Rare Disease Repurposing Database de la FDA	Medicamentos de veterinaria desarrollados para uso humano Nueva indicación de enfermedad desatendida para un medicamento humano ya existente	B N

Tabla 3-2. Continuación

Enfoque	Ejemplo de la OCDE	Ejemplo de enfermedad desatendida	Apropiado para… L = mercados limítrofes N = no-mercados
Subsidios de I+D			
Subvenciones a la industria	Programas SBIR	Programas de SBIR occidentales (muy pequeños)	L
	Subvenciones a medicamentos huérfanos y exenciones de pagos (pequeños)	Programas de SBIR de países en desarrollo, por ejemplo, SIBIR de India	N
	DARPA	Medicamentos huérfanos (muy pequeño)	
	CRADA	PDP	
		Fund for R&D in neglected diseases (FRIND) (fondos para I+D en enfermedades desatendidas)	
Subvenciones al investigador	MRC, NIH etc.	MRC, NIH, WT Translation Awards	L
		PDP	N
		R&D Global Funds, R&D Treaty	
		Fund for R&D in neglected diseases (FRIND) (fondos para I+D en enfermedades desatendidas)	
Reducciones de impuestos por I+D en la industria	Programa de I+D del Reino Unido: 175% para PYME; 130% para CMN	Programa de enfermedades desatendidas del Reino Unido – 150%	L
	Reducciones de impuestos para medicamentos huérfanos		N

los beneficios, ya que es probable que sus expectativas estén más en línea con las cantidades que los donantes públicos y filantrópicos están dispuestos a pagar.

Sin embargo, a diferencia de los incentivos de salud pública occidentales, los enfoques aplicados en las enfermedades desatendidas no siempre se diseñan para decantar la balanza hacia los beneficios. En algunos casos tienen como objetivo un retorno en el punto de equilibrio (el "modelo de no beneficio/no pérdida") o incluso aceptan una pérdida. Aunque estas actividades sin beneficio pueden ser realizadas por muchos sectores diferentes, por ejemplo, la industria, la investigación pública y las actividades de Asociaciones para el Desarrollo de Productos (*Product Development Partnerships* o PDP), tienen invariablemente una financiación por parte de fondos públicos, filantrópicos o benéficos corporativos.

Estos enfoques de punto de equilibrio/pérdida son apropiados tanto para los mercados limítrofes como para los no comerciales; sin embargo, pueden ser necesarios incentivos mucho mayores para alcanzar el punto de equilibrio en los segundos, puesto que, a diferencia de los mercados limítrofes, en ellos hay una posibilidad limitada o nula de subsidio cruzado por parte de I+D o de mercados relacionados con un producto occidental. Además, estos métodos son no-automáticos, es decir, requieren una financiación pública o filantrópica, incluso de hasta un 100% en el caso de algunas enfermedades sin interés comercial. Si esta financiación cesa, cesa también la I+D.

Examen de los incentivos actuales

De lo anterior se deduce claramente que no hay un único método de incentivación que pueda aplicarse de manera adecuada a todas las enfermedades, desarrolladores y productos. Si los incentivos no se adaptan de manera suficiente a su objetivo, se corre el riesgo de pagar en exceso por productos y sectores industriales de menor coste, con lo cual la financiación pública expulsa la inversión de la industria; o de pagar de manera insuficiente por productos de alto coste o de riesgo y sectores industriales de alto coste, con lo que el incentivo no logrará estimular la actividad deseada. Examinamos a continuación algunos ejemplos de incentivos clave de I+D para enfermedades desatendidas con objeto de determinar su idoneidad en diversas áreas de enfermedades y diversos tipos de empresas. Todas las referencias entrecomilladas provienen de entrevistas realizadas por la autora durante 2010.

Incentivos que aumentan o crean beneficios

Facilidad de medicamentos accesibles - paludismo
(Affordable Medicines Facility - malaria [AMFm])

La AMFm tiene como objetivo aumentar las ventas (el uso) de tratamientos combinados de artemisinina (TCA) para la malaria, y de proteger tanto los ingresos de la industria como el acceso de los pacientes al tratamiento, mediante el subsidio aplicado al precio para los pacientes de países en desarrollo. El fondo de compra de la AMFm utiliza la demanda combinada para negociar con los productores farmacéuticos precios más bajos para los antipalúdicos efectivos, y hace que estos fármacos sean más accesibles a los compradores del país en desarrollo al asumir su coste a través de un sistema de copago. La financiación para el esquema de copago en los dos primeros años (con un total de US$ 225 millones) ha sido proporcionada por tres donantes públicos y filantrópicos: UNITAID, el gobierno del Reino Unido y la Fundación Bill & Melinda Gates. El programa piloto se puso en marcha en abril de 2009 en 11 países, y será objeto de una evaluación independiente a finales de 2011.

Los fondos de compra o adquisición (la AMFm es tan solo un ejemplo) son intensamente respaldados por todos los sectores industriales, que los describen como "... la mejor señal" o "nuestro enfoque preferido", en especial si los compromisos de compra se contraen a largo plazo.

Estos fondos de adquisición son apropiados para todos los mercados de enfermedades limítrofes y no comerciales, para fármacos, métodos diagnósticos y vacunas, puesto que aumentan el mercado para los primeros y lo crean para los segundos donde anteriormente no lo había. Sin embargo, es necesario tener precaución en el caso de que los fondos de adquisición no incluyan un subsidio del precio para los pacientes, puesto que la presión por mantener los precios bajos puede eliminar por completo el incentivo de beneficio o alentar a las empresas a recortar gastos para mantener los márgenes.

Fondo para la repercusión en la salud (Health Impact Fund [HIF])

La propuesta del HIF tiene como objetivo aumentar el acceso (las ventas) mediante la conversión de situaciones de no-mercado en mercados financiados con fondos públicos. En la propuesta del HIF, un producto patentado es "convertido" en múltiples equivalentes genéricos de bajo precio a través de acuerdos de licencia. La empresa originaria prevé un retorno por la patente en un mercado probablemente muy pequeño de un país en desarrollo y recibe en su lugar un reembolso procedente de un fondo de un donante en proporción al aumento de las ventas (y de la repercusión en la salud) de una versión genérica más barata de su producto. Esto proporciona un aumento del acceso de los pacientes y nuevos beneficios financiados con dinero público o de organizaciones filantrópicas[v]. El HIF podría utilizarse para cualquier producto pero "es probable que esté dominado por los fármacos y las vacunas"[vi], con un coste estimado de unos $ 6.000 millones al año. Alrededor de un 10% de esta financiación corresponde a un grupo central que analiza las repercusiones de salud básicas de cada producto en los países en desarrollo para determinar la financiación recibida por cada compañía[2].

Las compañías han expresado opiniones diversas respecto al HIF. Las compañías pequeñas lo describen como "muy poco atractivo", puesto que tendrían que financiar toda la I+D para solicitar la recompensa final del HIF tras la comercialización: la mayoría de las empresas pequeñas, simplemente no disponen de los recursos necesarios para proporcionar este nivel de financiación durante el periodo de una década o más de desarrollo del producto.

---

[v] Dahomey, Camboya, Ghana, Kenia, Madagascar, Níger, Nigeria, Ruanda, Senegal, Tanzania y Uganda.

[vi] Hollis A, Pogge T. The Health Impact Fund: making new medicines accessible for all. Incentives for Global Health; 2008. p. 17.

En general, las compañías han expresado dudas acerca del reembolso financiero basado en la evaluación de las repercusiones de salud, y creen que ello constituye un enfoque arriesgado: "… la medición de estas repercusiones es una ciencia inexacta; todo aquello que introduce incertidumbre es casi imposible de vencer desde una perspectiva de incentivos". De todos modos, muchas de las personas de la industria entrevistadas se mostraron interesadas en explorar con mayor detalle el HIF, considerándolo una posible forma de comercializar en áreas de enfermedades que ahora son limítrofes o no comerciales.

El HIF es apropiado para enfermedades tanto de mercado limítrofe como de mercado no comercial, aunque ofrece el máximo incentivo en las enfermedades que suponen una carga elevada, como la malaria o las infecciones helmínticas (con el consiguiente pago elevado por repercusiones de salud) y en las que hay un menor número de desarrolladores que compiten por una cuota del mercado de la enfermedad.

Compromiso de mercado por adelantado (Advanced Market Commitment [AMC])

El AMC adopta un enfoque similar al de la AMFm, y se ha diseñado para proporcionar a las compañías unos beneficios asegurados y al mismo tiempo subsidiar los precios a los pacientes del país en desarrollo con objeto de proteger su acceso. Sin embargo, en el caso del AMC, la agencia internacional que lo proporciona firma el contrato de compra con las compañías *por adelantado* antes de que la vacuna deseada esté desarrollada y registrada. Según el contrato del AMC, el desarrollador se compromete a proporcionar un determinado volumen del producto acabado, y la agencia se compromete a pagar un precio más alto en una parte inicial de las ventas como compensación por un precio posterior más bajo. Esta estructura de precios se diseñó para proporcionar a las empresas unos beneficios a nivel de industria para incentivarlas a realizar I+D e invertir en las plantas de fabricación de vacunas que son necesarias antes de disponer de un registro satisfactorio. Se utilizan fondos públicos/filantrópicos para subsidiar el precio a los pacientes durante el periodo inicial de "precio alto". Hay un AMC en funcionamiento para las vacunas contra la neumonía, que es administrado por la *Global Alliance for Vaccines and Immunisation* (GAVI) y con un fondo de $1.500 millones aportado por donantes públicos y filantrópicos. Hasta la fecha, se ha asignado un 30% de esta cantidad comprometida para 60 millones de dosis de vacunas al año entre 2012 y 2023. Se han propuesto nuevos AMC para otras vacunas (y ocasionalmente para fármacos).

Un AMC no resulta atractivo para todas las empresas, ni para todos los productos. Aun siendo un coste importante para los donantes públicos, la magnitud del subsidio del precio está lejos de igualar el retorno normal de una vacuna comercial de las CMN. Por ejemplo, dentro del contrato de AMC existente, GSK y Pfizer podrían recibir cada una unos $ 1.300 millones a lo largo de 10 años (lo cual corresponde a los ingresos por ventas de la vacuna contra la neumonía más el subsidio del precio inicial), con un promedio de unos $ 130 millones al año. Comparativamente, en 2009, la vacuna Rotateq de Merck (rotavirus) tuvo unas ventas de $ 522 millones, poco más de cuatro veces superior. Las CMN señalaron que la oferta del sector público de $ 1.500 millones con el AMC "apenas podía aportar un beneficio para las compañías grandes" y que un AMC "debería ser sustancialmente superior a los $ 1.500 millones para respaldar un desarrollo completo del producto". Sin embargo, indicaron que los AMC "podrían dirigir la I+D existente (destinada a los mercados occidentales) a las necesidades de los países en desarrollo", por ejemplo, en la fase final del desarrollo para incluir las cepas del país en desarrollo en las vacunas existentes, como ocurrió en el caso del AMC para la vacuna contra la neumonía. Los AMC son menos atractivos para las empresas pequeñas, que pueden preferir los simples compromisos de compra, pero pueden ser atractivos para las empresas de PDI con unas expectativas de beneficio inferiores, unas estructuras de costes menores y un interés en aumentar su competencia en el desarrollo y la producción de vacunas.

Según se ha indicado, los AMC son más apropiados para incentivar el desarrollo de productos de vacunas adaptados para los mercados limítrofes, como los de la neumonía, la meningitis o el rotavirus, pero lo son menos para incentivar la I+D de nuevas vacunas. Para mercados de vacunas limítrofes, en los que es necesario el mismo producto en los países occidentales y en los países en desarrollo (por ejemplo, una vacuna para el VPH), el producto se desarrollará con o sin el AMC, por lo que un simple fondo de adquisición o un subsidio en el precio es más pertinente. Aunque teóricamente es apropiado para vacunas en situaciones de no-mercado, en la práctica un AMC tendría que ser muy grande para cubrir los costes y tiempo de I+D (que en el caso de una enfermedad no comercial no podrían contar con el subsidio cruzado de la I+D realizada para una versión occidental del producto) y por tanto superaría probablemente lo que los donantes públicos están dispuestos a pagar. Los AMC son poco apropiados para incentivar la I+D de fármacos ya que, a diferencia de las vacunas, el mercado de los medicamentos para una determinada enfermedad suele ser difícil de estimar, variable y fragmentado entre muchos productos y proveedores, con lo que un AMC fijo para contratar una producción y unas ventas de un determinado producto resultaría difícil y costaría aplicarlo. Y no son necesarios para los métodos diagnósticos puesto que los costes y riesgos del desarrollo son demasiado bajos para requerir una contratación compleja por adelantado. Los AMC no son apropiados tampoco (y probablemente no sean efectivos) para las enfermedades en las que la ciencia básica existente es débil o inexistente, por ejemplo para estimular nuevas inversiones en vacunas contra el VIH o la malaria.

Asociación en el desarrollo del producto para facilitar la financiación (Product Developement Partnership Financing Facility [PDP-FF])

La propuesta del PDP-FF tiene también como objetivo aumentar los beneficios de la industria, en este caso a través de la dedicación de capital privado a la I+D de una enfermedad desatendida. El PDP-FF propone la venta de bonos en mercados de capital privado, y la utilización de los fondos obtenidos mediante ello para respaldar la I+D de productos para enfermedades desatendidas. Los titulares de los bonos serían remunerados con royalties sobre las ventas comerciales en los países de renta alta y media y por las primas de precio financiadas por los donantes para las ventas en los países de rentas bajas. Con objeto de reducir el riesgo para los titulares de los bonos y permitir a la facilidad financiadora la obtención de crédito a tipos de intereses bajos, este crédito sería respaldado por garantías dadas por los gobiernos donantes y posiblemente por fundaciones. El incentivo es financiado por los consumidores occidentales (que pagan el precio comercial con el margen incluido por el producto para la enfermedad desatendida) y por los donantes, que pagan el margen del precio por los pacientes del país en desarrollo. Aunque inicialmente se diseñó para garantizar un aumento de la financiación privada de la I+D sobre la vacuna para VIH, tuberculosis y malaria, el ámbito de aplicación propuesto se ha ampliado a otras áreas de productos y enfermedades desatendidas (basándose en las clasificaciones existentes o en una agrupación más amplia que incluye enfermedades no transmisibles y crónicas que afectan de manera desproporcionada a los países en desarrollo).

La PDP-FF solo es apropiada para mercados de enfermedades con una cierta perspectiva de retorno comercial, como por ejemplo los de la neumonía, la meningitis o la tuberculosis (y algunos productos para la malaria). Es menos apropiado para las áreas limítrofes con una elevada incertidumbre científica, como las vacunas para el VIH o la malaria, dado que si no se obtuvieran retornos comerciales, ello haría que los donantes tuvieran que hacer reembolsos sustanciales a los inversores. Es inapropiada para las enfermedades no comerciales, incluso las que tienen un fundamento científico sólido: dado que en ellas no hay esperanza de retornos comerciales, los donantes tendrían que pagar efectivamente no sólo la prima de precio del país en desarrollo por un producto eficaz (de manera similar al AMC) sino también el retorno adicional a los inversores, con lo que en este caso sería más recomendable realizar un compromiso de compra directa.

Vale de revisión prioritaria [Priority Review Voucher (PRV)]

El PRV genera un aumento del retorno para el desarrollador concediéndole un vale comercializable de "revisión prioritaria por las autoridades reguladoras" de un nuevo fármaco *comercial* como compensación por el registro de un "nuevo" fármaco para una enfermedad desatendida en los Estados Unidos (aunque el fármaco pueda haber sido registrado y utilizado ya en otro lugar). La revisión prioritaria del producto comercial permite a una compañía introducirlo en el mercado con mayor rapidez, lo cual puede proporcionarle muchos centenares de millones de dólares en ventas adicionales, en especial para los 'blockbusters' (éxitos de ventas). Se ha estimado que una reducción del tiempo de revisión de 19,4 a 6,4 meses para un fármaco que reciba una revisión prioritaria podría tener un valor de US$ 322 millones para sus desarrolladores.El PRV se concede al producirse el registro en Estados Unidos de un fármaco para una de las dieciséis enfermedades desatendidas designadas[vii], pero no requiere que las compañías fabriquen o vendan el producto en los países en desarrollo. El PRV tiene como característica atractiva la de ser financiada por los consumidores de los Estados Unidos, puesto que es el periodo de ventas adicional del producto comercial lo que da valor al vale.

El valor del PRV es especialmente atractivo para las empresas pequeñas que tienen unas estructuras de costes inferiores, como las PYME y las de PDI. Estas empresas señalaron que el PRV "... se ajusta bien al modelo de las PYME" e "incentiva... a las CMN a colaborar con nosotros y comprar nuestra PI". Sin embargo, también indicaron su

---

[vii] Tuberculosis, malaria, dengue, cólera, tracoma, lepra, úlcera de Buruli, fascioliasis, dracunculiasis, filariasis linfática, oncocercosis, esquistosomiasis, helmintiasis transmitidas por la tierra y pian. Se incluyen también dos de las tres enfermedades por cinetoplástidos (enfermedad del sueño y leishmaniasis) pero se excluye la enfermedad de Chagas, endémica en Sudamérica, así como el VIH/sida.

necesidad de financiación adicional mediante subvenciones de I+D, puesto que no disponían de los recursos internos necesarios para hacer avanzar los proyectos hasta el punto de poder vender la PI o aplicar el vale. Los PRV son menos atractivos para las empresas más grandes, para las que el valor del vale es menos competitivo respecto a los retornos comerciales normales y cuyos costes de I+D pueden ser más altos.

El PRV es apropiado para el desarrollo de fármacos para áreas de mercado limítrofe o de no-mercado con una salvedad importante. Dado que el valor de la recompensa obtenida es fijo, el PRV proporciona inadvertidamente el máximo incentivo financiero a quienes realizan menos I+D (por ejemplo, registros en Estados Unidos para fármacos que ya están registrados en otro lugar; adaptaciones o cambio a nueva finalidad para medicamentos existentes), y el incentivo más bajo a quienes desarrollan fármacos realmente novedosos para enfermedades desatendidas, puesto que sus costes de I+D detraen una parte importante del valor de la recompensa establecida. Por ejemplo, el primer PRV se concedió al antipalúdico Coartem, que había sido registrado y se vendía en más de 80 países desde 1999pero que recibió un PRV en abril de 2009 para el registro en Estados Unidos y supuso un importante beneficio para su desarrollador.

Legislación de medicamentos huérfanos (Orphan Drug Legislation [ODL])

Los ODL, tal como se establecen en Australia, la Unión Europea, Japón y los Estados Unidos de América, se diseñaron para decantar la balance de coste-beneficio en enfermedades occidentales minoritarias[viii] y no comerciales, al proporcionar un aumento del beneficio, generado a través de una exclusividad de mercado que oscila entre siete años en Estados Unidos y 10 años en Europa, junto con subsidios modestos para I+D. La exclusividad en el mercado sólo tiene valor para productos que no están ya cubiertos por una protección de patente durante ese periodo y en los que el valor de la exclusividad en el mercado es superior al coste de la I+D[6].

La legislación de medicamentos huérfanos se considera también a veces un estímulo para los medicamentos para enfermedades desatendidas, pero es mucho menos eficaz para ello puesto que el incentivo clave (exclusividad en el mercado) tiene un valor muy bajo en las jurisdicciones de medicamentos huérfanos occidentales. Esto significa que los desarrolladores solamente reciben un retorno económico si pueden mantener sus costes de I+D por debajo del valor de mercado que es ya muy bajo. En consecuencia, dos terceras partes de las autorizaciones de medicamentos huérfanos para enfermedades desatendidas entre los años 1985 y 2005 fueron de fármacos que requerían poca o ninguna inversión en innovación, como nuevos registros de fármacos existentes o adaptaciones o cambios de finalidad de productos existentes[ix]. La mayor parte de las compañías que utilizan incentivos de medicamentos huérfanos para las enfermedades desatendidas son muy pequeñas, en especial para la I+D que requiere algo más que los niveles básicos de innovación, ya que solamente las empresas muy pequeñas con estructuras de coste bajo pueden obtener un beneficio con un incentivo de medicamento

---

[viii] Las enfermedades minoritarias (también llamadas raras) son las que tienen una prevalencia inferior a 5 casos por 10.000 habitantes en Europa e inferior a 200.000 casos en los Estados Unidos.

[ix] Análisis interno no publicado.

huérfano para una enfermedad desatendida; y sus esfuerzos se concentran en las más comerciales de las enfermedades limítrofes, como la tuberculosis. Al igual que ocurre con el PRV, la legislación de medicamentos huérfanos tiene la ventaja de que el retorno adicional que recibe la industria es financiado por los consumidores occidentales del producto.

En su forma actual, la ODL no es apropiada para incentivar el desarrollo de productos para enfermedades desatendidas por ninguna empresa. Sin embargo, podría mejorarse considerablemente permitiendo el reconocimiento recíproco de la autorización de medicamentos huérfanos para enfermedades desatendidas que conceden las estrictas autoridades reguladoras occidentales, es decir, que la autorización por parte de una autoridad en una jurisdicción occidental comportara la autorización automática en otras jurisdicciones occidentales, y posiblemente también por parte del esquema de precualificación de la OMS, que autoriza los fármacos para el uso en los países en desarrollo. El valor del mercado de medicamentos huérfanos sería entonces el valor conjunto del mercado de la enfermedad en Estados Unidos, Europa, Japón y Australia, junto con el mercado mundial de países en desarrollo y esta situación tiene una probabilidad mucho mayor de decantar la balanza de coste-beneficio en favor del beneficio.

Enfoques que reducen el tiempo, coste y riesgo de la I+D

Eficiencias de regulación y de desarrollo

El coste de oportunidad del capital durante el tiempo en el que un producto está siendo desarrollado representa alrededor del 50% de su coste total; y el valor del mercado final es muy superior si puede accederse a ese mercado hoy que si se tardan varios años. Así pues, las eficiencias en la regulación y el desarrollo son el aspecto que presenta un mayor potencial de medidas de reducción de costes de toda la I+D. Entre ellas se encuentran medidas modestas para reducir el tiempo y el coste (agrupación de patentes·, información compartida abierta) pero el máximo ahorro de tiempo y coste es el de los cambios de la regulación que permiten desarrollar los productos con mayor rapidez. Como ejemplos cabe citar el uso de variables de valoración sustitutivas, como el recuento de células CD4 para los medicamentos para el VIH; y las acciones encaminadas a permitir que los ensayos se solapen en vez de realizarlos de forma secuencial. Por ejemplo, el *Critical Path to TB Drug Regimens* (CPTR), creado por la *Global Alliance for TB Drug Development*, el *Critical Path Institute* y la Fundación Bill & Melinda Gates, podría reducir el tiempo necesario para el ensayo de nuevos tratamientos combinados para la tuberculosis haciendo que pasara de hasta un cuarto de siglo a tan solo seis años. Esto representa la eliminación de un obstáculo de tiempo-coste casi insuperable, y hace que el desarrollo de medicamentos para la tuberculosis tenga una perspectiva comercial más viable. Los grupos iniciales que participan en la CPTR son las autoridades reguladoras de Estados Unidos, la *Food and Drug Administration* (FDA), así como varias CMN y algunas PYME, como Johnson&Johnson, Sanofi-Aventis, Pfizer, AstraZeneca, GlaxoSmithKline, Bayer, Otsuka, Novartis, Sequella y Anacor Pharmaceuticals.

También hay vías de regulación específicamente destinadas a acelerar el registro de productos para enfermedades desatendidas para el uso en países en desarrollo. Por ejemplo, el Artículo 58 de la Agencia Europea del Medicamento (EMA) contempla un examen de regulación que las autoridades de países en desarrollo pueden utilizar para facilitar un examen y autorización más rápidos en sus propias legislaciones. En teoría, esta vía debiera permitir un acceso más rápido a los mercados de los países en desarrollo, aun cuando sean pequeños, facilitando por tanto decantar la balanza hacia el beneficio. Sin embargo, en la práctica, el Artículo 58 apenas ha sido utilizado por la industria, ya que su diseño requiere que las empresas opten entre el acceso al país en desarrollo, acelerado por el Artículo 58, y el acceso a mercados europeos más comerciales utilizando las vías de regulación tradicionales. Para la mayoría de las empresas la según opción es claramente la preferida.

A pesar de las dificultades que plantea el Artículo 58, todos los sectores industriales entrevistados consideraron las eficiencias de regulación y desarrollo como el mayor de todos los incentivos, y señalaron que "...el incentivo más efectivo de forma inmediata sería eliminar los obstáculos de la regulación". Estas eficiencias son relevantes en todas las áreas y productos de enfermedades desatendidas (y comerciales), pero hasta la fecha se ha avanzado poco o se les ha prestado poca atención.

Cambio a otra finalidad

Otro enfoque es el cambio a otra finalidad de fármacos comerciales existentes para utilizarlos en enfermedades desatendidas. Esta es una forma de hacer que los mercados de enfermedades desatendidas pasen a tener una relación coste-efectividad muy favorable, puesto que los costes de desarrollo pueden limitarse a menudo a las etapas finales de ensayos en humanos para establecer la eficacia y las pautas de posología para la nueva indicación, con lo que se producen reducciones importantes del coste, el riesgo y el tiempo hasta llegar al mercado. La FDA ha puesto en marcha recientemente la *Rare Disease Repurposing Database* (RDRD) para permitir a los desarrolladores identificar oportunidades para el desarrollo de tratamientos para nichos terapéuticos que están ya muy avanzados en su desarrollo y en los que podría realizarse un desarrollo final modesto para utilizarlos en una enfermedad minoritaria/indicación huérfana en los Estados Unidos.

La industria utiliza de forma habitual el cambio de finalidad en las áreas comerciales, e históricamente este ha sido un método frecuente de obtener nuevos fármacos para enfermedades desatendidas, en especial antes del año 2000 en que la financiación de I+D para enfermedades desatendidas era muy baja. Como ejemplos cabe citar el nuevo desarrollo de fármacos antihelmínticos veterinarios para su uso humano, como el de Mectizan (ivermectina) para la oncocercosis, Biltricide (praziquantel) para la esquistosomiasis y Zentel (albendazol) para la filariasis linfática. Entre los casos en los que el uso de fármacos comerciales se ha ampliado a nuevas indicaciones de enfermedades desatendidas se encuentra el de Ambisome, desarrollado para el VIH, en el que se realizó un cambio de indicación para la leishmaniasis; así como el de los antibióticos moxifloxacino y gatifloxacino, que están siendo desarrollados ahora para otra indicación, la tuberculosis. La industria recurre con frecuencia al cambio a una nueva indicación cuando los incentivos para las enfermedades desatendidas son insuficientes, por ejemplo, con la legislación de fármacos huérfanos; y también es muy probable que se emplee como respuesta a incentivos de valor fijo como el PRV.

El cambio para pasar a otra finalidad es efectivo para los medicamentos destinados a mercados limítrofes y no comerciales, con la perspectiva de obtener beneficios en los primeros y de limitar las pérdidas en los segundos. No es apropiado para agentes biológicos como las vacunas.

Subsidios para I+D

Los subsidios públicos para I+D se utilizan en la mayoría de los países occidentales, con el objetivo de reducir los costes de I+D y permitir que los mercados pequeños puedan producir un beneficio para los desarrolladores. Generalmente se establecen en forma de subvenciones a investigadores académicos, financiación para centros de investigación públicos o de la Administración (por ejemplo, *National Institutes of Health* [NIH], *Medical Research Council* del Reino Unido), o subvenciones para la industria (por ejemplo, subvenciones para enfermedades huérfanas, subvenciones de investigación para la innovación en negocios pequeños [*small business innovation research*, SBIR]). Muchos países utilizan también reducciones de impuestos para las compañías que realizan I+D, en algunos casos con condiciones específicas para las enfermedades desatendidas (por ejemplo, la reducción de impuestos por I+D de enfermedades desatendidas del 150% en el Reino Unido para las PYME y las compañías grandes, o el crédito de impuestos del 16% para las PYME que no obtienen un beneficio).

Desde el año 2000, ha aparecido una nueva fuente de subsidios de I+D para la industria en forma de las asociaciones para el desarrollo de productos (*Product Development Partnerships*, PDP)[11]. Las PDP son agrupaciones para el desarrollo de producto sin ánimo de lucro que utilizan las subvenciones de donantes para identificar y financiar el desarrollo de productos prometedores en el campo de las enfermedades desatendidas, en la industria o en el ámbito académico. En 2007, las PDP recibieron US$ 469 millones, es decir, aproximadamente una cuarta parte del total de financiación "externa" para I+D para enfermedades desatendidas[x]. Casi la mitad de ella (49%) la proporcionó la Fundación Gates, y cuatro financiadores públicos (la *Agency for International Development* de los Estados Unidos, el *Department for International Development* del Reino Unido, el gobierno holandés y Irish Aid) aportaron otro 28%. A su vez, las PDP financiaron una amplia gama de actividades de empresas en el campo de las enfermedades desatendidas, en especial programas sin ánimo de lucro de CMN, pero también PYME y empresas de PDI.

Existen también varias propuestas para fondos de I+D bajo control público muy grandes, en especial el *R&D Treaty*, que propone la financiación del desarrollo farmacéutico a través de un sistema nacional e internacional de subvenciones, premios, reducciones de impuestos, etcétera, sustituyendo básicamente o actuando en paralelo con el sistema de PI; y toda una gama de propuestas de fondos de I+D mundiales similares pero más pequeños (por ejemplo, productos para enfermedades desatendidas solamente, o PDP solamente).

---

[x] La financiación interna es otorgada por una organización a sus propios miembros, por ejemplo, la financiación del NIH para el NIAID. La fianciación externa es la concedida por una organización a otra, y por lo tanto susceptible de competitividad.

Todos los sectores industriales se mostraron muy favorables a los subsidios de I+D (que a veces se denominan financiación 'push', por oposición a la financiación 'pull' que pretende aumentar el retorno final de la inversión), en especial para las fases iniciales de la I+D. Las respuestas típicas fueron las siguientes: "la mejor opción es la que combina financiación push y pull, y ofrece incentivos diferentes para la I+D inicial y avanzada"; y, "… la financiación pull es muy difícil ya que no financia la I+D real (la obtención de financiación para ello es actualmente el paso limitante)". No obstante, diferentes sectores preferían enfoques "push" diferentes, ya que las CMN eran muy favorables a las asociaciones mediante PDP para los programas de desarrollo, mientras que las PYME preferían subvenciones al negocio o pagos en momentos determinados, que les permitieran un mayor control. Las reducciones de impuestos no fueron una forma atractiva de subsidio, y fueron descritas por las PYME como poco atractivas (demasiado poco, demasiado tarde) y por las CMN como irrelevantes. De igual modo, hubo un interés muy limitado de la industria por la propuesta del *I+D Treaty*, a causa de su percepción como enfoque anti-PI.

Los subsidios de I+D son apropiados para todos los sectores y productos, y tanto en la I+D limítrofe como en la no comercial. Son vitales para las PYME, y útiles para las CMN que pretenden alcanzar un resultado de punto de equilibrio para su I+D para enfermedades desatendidas.

Un nuevo marco de referencia: igualación de incentivos para productos y desarrolladores

La breve revisión de los incentivos que hemos presentado indica que muchos de los incentivos existentes o propuestos para las enfermedades desatendidas son instrumentos relativamente toscos. En algunos casos, como por ejemplo el PRV, ofrecen el mismo retorno para enfermedades limítrofes y enfermedades no comerciales, y para un simple registro en Estados Unidos que para un programa completo de desarrollo de un producto a lo largo de muchos años. Otros tienen un tamaño insuficiente para el grupo al que se dirigen, por ejemplo, la AMC como incentivo para las CMN para crear nuevas vacunas para enfermedades desatendidas. También parece claro que los encargados de las decisiones políticas en la Administración divergen respecto a los desarrolladores en muchos campos, y a veces ponen en marcha o respaldan propuestas a las que es improbable que los desarrolladores respondan (por ejemplo, reducciones de impuestos por I+D), al tiempo que infrautilizan enfoques que es más probable que estimulen a los desarrolladores a invertir en la creación de nuevos productos para los países en desarrollo (por ejemplo, eficiencias de regulación y desarrollo). Existe, además, una tendencia de los decisores de las políticas públicas a invertir más tiempo y dinero en incentivos para respaldar los beneficios, como la AMC o el PRV, que en incentivos para reducir el coste, tiempo y riesgo de la I+D de la industria, como las subvenciones de I+D para enfermedades desatendidas, la financiación para PDP y las eficiencias regulatorias. Esta situación persiste a pesar de las llamadas realizadas por la industria y de sus necesidades si se pretenden que entren en el campo de las enfermedades desatendidas.

Los incentivos de una magnitud insuficiente y mal dirigidos pueden tener al menos dos resultados negativos importantes. La política aplicada puede acabar teniendo una repercusión escasa o nula ya que los desarrolladores no tienen en cuenta unos incentivos para enfermedades desatendidas que no son apropiados para ello, como por ejemplo en el caso de la legislación de medicamentos huérfanos, el Artículo 58 de la EMA y las reducciones de impuestos por I+D, todo lo cual apenas ha sido utilizado para crear productos para enfermedades desatendidas. Por otro lado, los incentivos mal diseñados pueden hacer que los desarrolladores reciban un pago excesivo con fondos públicos o de los consumidores. Por ejemplo, los ingresos derivados del nuevo registro para otra indicación como medicamento huérfano de talidomida para la lepra alcanzaron los 250 millones dólares por año en 2004 como consecuencia de la capacidad de la compañía de aprovechar el estatus de medicamento huérfano de su producto para comercializarlo en una enfermedad comercial no relacionada.

Hemos desarrollado, pues, un marco de referencia que asigna los incentivos revisados según los principios antes descritos, en especial la igualación de incentivos para producto y tipo de desarrollador en cada mercado de enfermedad (véase la Tabla 3-3). De esta forma queda claro qué enfoques es más probable que tengan éxito para la introducción de los productos deseados; y resalta las áreas en las que o bien no son necesarios incentivos o serán precisos incentivos nuevos o adaptados. Hacemos hincapié en que no avalamos esos incentivos (muchos de los cuales tienen defectos de diseño y dificultades, como se ha indicado antes[xi]) sino que simplemente señalamos que son los que mejor se corresponden con las necesidades de financiación y los estímulos comerciales que determinan los patrones de inversión.

Si los decisores políticos desean obtener un mayor retorno de los incentivos a la I+D para enfermedades desatendidas, o estimular la entrada de más empresas en áreas actualmente desatendidas, es posible que deseen ampliar este marco de análisis a otras enfermedades, productos e incentivos, para ajustar más exactamente sus políticas y financiación a las necesidades de los innovadores de la industria.

[xi] Para una revisión más detallada de estos incentivos, véase el Informe 2010 del Grupo de Trabajo de Expertos de la OMS sobre financiación innovadora para el I + D, y el próximo análisis de los resultados del *Development Institute* en Washington.

Tabla 3-3. Asociación de los incentivos a los productos

Productos	Mercado	Compañías en activo	Incentivos para CMN	Incentivos para PYME	Adiciones/excepciones
Fármacos para VIH	Sí	CMN YME	No requiere incentivos: los productos ya se están haciendo (impulso comercial)		Si son necesarias adaptaciones a países en desarrollo, serán precisos incentivos adicionales, por ejemplo, diagnósticos adecuados para países en desarrollo/formulaciones ARV pediátricas
Métodos diagnósticos para VIH	Sí	PYME PDI	Las cuestiones a abordar son: — PI/precio/acceso (esp. CMN y PYME) — Creación de capacidad para empresas de PDI — Calidad de regulación (algunos países en desarrollo)		
Vacunas para VIH	Sí	PYME			
CDF de fármacos para VIH	Sí	PDI ¿PYME?			
CDF de fármacos para tuberculosis	Sí	PDI			
CDF de fármacos para malaria	Sí	PDI			
Métodos diagnósticos para malaria	Sí	PDI			
Vacunas para neumonía, rotavirus y meningitis	Limítrofe (adaptación para países en desarrollo)	CMN	Adquisición pública Subsidios de I+D AMC HIF PDP-FF??		
		PYME		Adquisición pública Subsidios de I+D PDP-FF	
Vacunas para VIH	Limítrofe (adaptación para países en desarrollo)	PYME		Adquisición pública Subsidios de I+D	PDP-FF menos apropiado para vacunas para VIH – ideal para vacunas para neumonía/rotavirus/meningitis; métodos diagnósticos; productos redirigidos a otra finalidad

Tabla 3-3. Continuación

Productos	Mercado	Compañías en activo	Incentivos para CMN	Incentivos para PYME	Adiciones/excepciones
Métodos diagnósticos para VIH (adaptación para países en desarrollo)	Limítrofe	CMN	Adquisición pública Subsidios de I+D PDP-FF??		
Métodos diagnósticos para tuberculosis (adaptación para países en desarrollo)	Limítrofe	CMN	Adquisición pública Subsidios de I+D PDP-FF??		
	Limítrofe	PYME		Adquisición pública Subsidios de I+D PDP-FF Premios	
Fármacos para enfermedades tropicales desatendidas – Fármacos para leishmaniosis – Fármacos antihelmínticos con solapamiento veterinario	Limítrofe/No	PYME?		Subsidios de I+D PRV Adquisición pública Cambio a nueva finalidad PDP-FF	
Fármacos para tuberculosis	Limítrofe	PYME?		Subsidios de I+D PRV Adquisición pública Cambio a nueva finalidad PDP-FF	
Vacunas para tuberculosis	Limítrofe	PYME?		Adquisición pública Subsidios de I+D PDP-FF	

Tabla 3-3. Continuación

Productos	Mercado	Compañías en activo	Incentivos para CMN	Incentivos para PYME	Adiciones/excepciones
Vacunas para malaria	Limítrofe	PYME		Adquisición pública / Subsidios de I+D	No PDP-FF debido a incertidumbre científica
Fármacos para malaria	Limítrofe	PYME		Adquisición pública / Subsidios de I+D / PRV / Cambio a nueva finalidad / PDP-FF	
CDF para malaria	Limítrofe	PYME		Adquisición pública / Subsidios de I+D / PDP-FF	El PRV produciría un sobrepago considerable para el desarrollo de CDF, por lo que se recomienda
Vacunas para ETD	No	Todos	Adquisición pública / Subsidios para I+D / HIF	Adquisición pública / Subsidios para I+D	El HIF es especialmente atractivo para enfermedades no comerciales
Fármacos para ETD (véanse las excepciones más arriba)	No	Todos	Adquisición pública / Subsidios para I+D / Cambio a otra finalidad / HIF	Adquisición pública / Subsidios para I+D / PRV / Cambio a otra finalidad	
Métodos diagnósticos para ETD	No	Todos	Adquisición pública / Subsidios para I+D	Adquisición pública / Subsidios para I+D / Precios	
Fármacos para malaria	No	CMN	Adquisición pública / Subsidios para I+D / Cambio a otra finalidad / HIF / PDP-FF?		

Tabla 3-3. Continuación

Productos	Mercado	Compañías en activo	Incentivos para CMN	Incentivos para PYME	Adiciones/excepciones
CDF de fármacos para malaria	No	CMN	Adquisición pública Subsidios para I+D HIF		
Métodos diagnósticos para malaria	No	CMN	Adquisición pública Subsidios para I+D PDP-FF?		
	No	PYME		Adquisición pública Subsidios para I+D Precios PDP-FF	
Vacunas para malaria	No	CMN	Adquisición pública Subsidios para I+D HIF		
Vacunas para VIH	No	CMN	Adquisición pública Subsidios para I+D HIF PDP-FF?		
Vacunas para tuberculosis	No	CMN	Adquisición pública Subsidios para I+D HIF		
Fármacos para tuberculosis	No	CMN	Adquisición pública Subsidios para I+D HIF PDP-FF		
CDF de fármacos para tuberculosis	No	PYME		Adquisición pública Subsidios para I+D	El PRV comportaría un sobrepago sustancial para el desarrollo de CDF, por lo que se recomienda

BIBLIOGRAFÍA

1. The Global Fund to Fight AIDS, TB and Malaria (GFATM): Introduction to the Affordable Medicines Facility – malaria. Disponible en: http://www.theglobalfund.org/content/pressreleases/pr_090417_ Factsheet.pdf (consultado el 8 de noviembre de 2010).

2. Hollis A, Pogge T, et al. The Health Impact Fund: Pay-for-Performance (WHO Expert Working Group Submission 2009). Disponible en: http://www.who.int/phi/HIF.pdf (consultado el 8 de noviembre de 2010).

3. Light D. Advanced Market Commitments: Current Realities and Alternate Approaches: HAI Paper Series. 2009. Disponible en: http://www.haiweb.org/31032009/27%20Mar%202009%20AMC%20Current%20Realities%20&%20Alternate%20Approaches%20FINAL.pdf (Consultado el 8 de noviembre de 2010).

4. IHP - Taskforce on Innovative Financing for Health Systems: Raising and Channeling Funds. Working Group 2 report (2009). Disponible en: http://www.internationalhealthpartnership.net/CMS_files/user-files/090817%20WORKING_GROUP_2(1).pdf (consultado el 8 de noviembre de 2010).

5. IAVI (2009). Financing the Accelerated Development of Vaccines for AIDS, TB, and Malaria: Design of the PDP Financing Facility and an Analysis of Its Feasibility (a Report to Aeras, IAVI, and MVI). Disponible en: http://healthresearchpolicy.org/sites/healthresearchpolicy.org/files/PDPFF%20financing%20vaccines%20for%20AIDS,%20TB,%20and%20malaria.pdf (consultado el 8 de noviembre de 2010).

6. Grabowski H, Ridley D, Moe J. Priority Review Vouchers to encourage innovation for neglected diseases. 2008. Disponible en: http://www.law.harvard.edu/programs/petrie-flom/workshops_conferences/2008_workshops/Grabowski.pdf (consultado el 8 de noviembre de 2010).

7. Ridley DB, Grabowski HG, Moe JL. Developing drugs for developing countries. Health Affairs. 2006, 25:313-24.

8. Novartis media release. September 15, 2008. Disponible en: http://www.novartis.com/newsroom/media-releases/en/2008/1251164.shtml. Accessed 2 November 2010

9. Di Masi JA, Hansen RW, Grabowski HG. The price of innovation: new estimates of drug development costs. Journal of Health Economics. 2003;22:151-85.

10. UNITAID. Proposals for New and Innovative Sources of Funding Medicines Patent Pool. 2009. Disponible en: http://www.who.int/phi/UNITAID.pdf (consultado el 8 de noviembre de 2010).

11. IFPMA Submission to the Public Hearing on Proposals for R&D Financing. Disponible en: http://www.who.int/phi/IFPMA.pdf (consultado el 8 de noviembre de 2010).

12. Everts S. Open-Source Science - Online research communities aim to unite scientists worldwide to find cures for neglected diseases. Chemical and Engineering News. 2006; 84(30):34-5. Disponible en: http://pubs.acs.org/cen/index.html (consultado el 8 de noviembre de 2010).

13. Pelfrene E. Article 58: A route to scientific opinion. EMEA; 2008. Disponible en: http://www.kaiser-network.org/health_cast/uploaded_files/Article_58_A_Route_to_Scientific_Adoption_Eric_Pelfrene_5.6.08%5B1%5D.pdf (consultado el 8 de noviembre de 2010).

14. Moran M, Guzman J, Ropars AL, Illmer A. The role of Product Development Partnerships in research and development for neglected diseases. International Health. 2010;2(2). Disponible en: http://www.internationalhealthjournal.com/article/S1876-3413(10)00026-4/abstract (consultado el 8 de noviembre de 2010).

15. Health Action International (HAI). Response to the Expert Working Group on Alternative Financing. 2009. Disponible en: http://www.who.int/phi/HAI.pdf (consultado el 8 de noviembre de 2010).

16. Celgene media release, January 27, 2005. Disponible en: http://ir.celgene.com/phoenix.zhtml?c=111960&p=irol-newsArticle_Print&ID=667281&highlight=.(Consultado el 8 de noviembre de 2010).

Cuando las patentes no bastan: incentivos adicionales para la innovación farmacéutica

Aidan Hollis

Introducción

Las patentes han demostrado ser un mecanismo excepcionalmente eficaz para motivar la innovación. Una patente da a una empresa el derecho a acudir a los tribunales para exigir los derechos exclusivos sobre el invento patentado durante un periodo de tiempo establecido. El punto fuerte específico del sistema es que las patentes ofrecen una recompensa que está correlacionada con el valor que los consumidores obtienen del producto. Las empresas toman decisiones de inversión en innovación basándose en su propia información sobre la probabilidad de éxito y sobre los costes de investigación, así como sobre el valor esperado de la patente. El problema que se aborda en este artículo es el de las situaciones en las que, por alguna razón, el valor de la recompensa que proporciona la patente es relativamente bajo en comparación con el valor social que crea la innovación: es decir, cuando la *apropiabilidad* del valor social es baja. En esos casos, las empresas no invertirán en innovación aun cuando el valor de esta para la sociedad sea elevado.

Hay diversas razones por las que la apropiabilidad de una patente puede ser baja. La primera de ellas es que la patente sea ineficaz para impedir la competencia, lo cual puede tener diversas causas, como se comenta más adelante. La segunda es que el mercado en el que va a utilizarse la innovación esté deteriorado por distorsiones e ineficiencias impuestas por la Administración. Y en tercer lugar, el caso especial en el que el valor de mercado en sí refleja mal el valor social.

En la mayoría de sectores, las empresas utilizan diversos mecanismos para la apropiación del valor del invento (como patentes, secretos comerciales, entrada temprana y marcas comerciales) (Cohen, Nelson y Walsh, 2000). Sin embargo, en los mercados farmacéuticos, las patentes adquieren una importancia especial, dado el alto grado de sustituibilidad existente entre productos de marca y productos genéricos, lo cual hace que exista poca protección aparte de la patente. Este artículo se centra en especial en los mercados farmacéuticos.

Tras comentar las razones de la baja apropiabilidad, este capítulo aborda algunas soluciones, centrándose en la propuesta del *Health Impact Fund* (HIF) (Hollis y Pogge, 2008).

El HIF se considera a veces especialmente relevante para las enfermedades desatendidas, pero como comentaremos más adelante, la propuesta ofrece soluciones para una variedad de problemas mucho más amplia.

Razones de la baja apropiabilidad

Competencia

En muchos casos, las patentes no son un instrumento efectivo para que las empresas capturen los beneficios derivados de un invento; y de hecho Cohen, Nelson y Walsh (2000) observan que muchas empresas de fuera de los sectores farmacéutico y químico no consideran que las patentes sean un instrumento especialmente efectivo para la protección de la innovación. Hay varios problemas.

En primer lugar, las patentes tienen una limitación temporal, y por tanto no pueden impedir la competencia después de transcurridos 20 años. Para la mayor parte de los medicamentos se tarda tanto tiempo en realizar los ensayos clínicos y obtener la autorización, que sólo se dispone de 10-12 años de exclusividad. En algunos fármacos, el tiempo de protección proporcionado por las patentes puede ser muy inferior, con lo cual los incentivos para continuar invirtiendo en ensayos clínicos serán débiles. Otra consecuencia igualmente indeseable de la limitación temporal de las patentes es la que hace que haya incentivos considerables para acelerar los ensayos clínicos, que deben tener tan solo la calidad necesaria para alcanzar la autorización por parte de las autoridades reguladoras. Como resultado de ello, las empresas pueden poner en marcha ensayos clínicos para examinar la efectividad de un medicamento a lo largo de unas pocas semanas, a pesar de que prevean que el producto se utilizará durante meses o incluso años.

En segundo lugar, a menudo pueden desarrollarse nuevos inventos del mismo tipo obviando la patente. En los mercados farmacéuticos, cuando se introduce un nuevo medicamento exitoso, a menudo se desarrollan una serie de fármacos denominados *me-too* ("yo también") o *follow-on* ("de continuación") que imitan la acción del medicamento pionero. Por ejemplo, tras el descubrimiento de la efectividad de Viagra, y su potencial de mercado, se comercializaron otros fármacos similares. Lichtenberg y Philipson (2002) ponen de relieve que la competencia debida a los medicamentos de la misma clase terapéutica cuesta a los innovadores más que la competencia de los genéricos tras expirar la patente. Aunque en muchos casos los medicamentos *me-too* son simplemente el resultado natural de programas de investigación simultáneos, en otros casos son explícitamente el resultado de un programa de investigación basado voluntariamente en la imitación (Garnier, 2008). Estos medicamentos *me-too* pueden reducir las ventas esperadas del medicamento pionero y llevar, además, a un marketing competitivo. Evidentemente, este marketing puede aportar un beneficio a la empresa como tal, pero en la medida en la que refleja solamente una competencia por la cuota de mercado, hace poco por generar beneficios reales para la sociedad. Esta competencia por la cuota de mercado puede dañar incluso la innovación real, puesto que el medicamento pionero en un mercado debe asumir también un marketing competitivo costoso.

En tercer lugar, es frecuente que las patentes no proporcionen una protección efectiva si la innovación consiste en un nuevo uso, y no en una nueva molécula. Por ejemplo, el descubrimiento de que las dosis altas de una estatina genérica permitieran tratar de manera eficaz la enfermedad de Alzheimer tendría un enorme valor pero no permitiría a ninguna empresa ganar mucho dinero, puesto que la patente no podría utilizarse para impedir que los consumidores utilizaran las estatinas para este fin. Dado que los nuevos usos tienen que demostrarse mediante ensayos clínicos costosos, es probable que la inversión en este tipo de investigación sea insuficiente. Syed (2009) presenta una perspectiva general respecto a estas cuestiones así como sobre la historia intelectual relativa a los problemas de garantizar los incentivos a la innovación en presencia de una protección poco efectiva frente a la competencia.

Mercados distorsionados e ineficientes

Si el mercado en el que se va a utilizar una innovación está distorsionado o roto, es posible que no llegue a obtenerse el valor social de la innovación, o que no se produzca la apropiación adecuada de ese valor. Puede decirse que los mercados farmacéuticos se encuentran entre los que tienen un funcionamiento menos bueno de todos los mercados, debido a las limitaciones de la información y a la existencia de seguros. Estas dos distorsiones son extraordinariamente potentes. Los medicamentos son productos especializados, que se dispensan únicamente bajo la prescripción de un médico. A diferencia de otros mercados en los que los consumidores eligen en función de sus propias preferencias, los medicamentos se eligen en función del conocimiento experto de personas distintas del propio consumidor. Además, dado que los fármacos pueden ser costosos, la cobertura de seguros para garantizar su obtención es amplia. Así pues, el consumidor no elige ni paga el medicamento que consume, y es natural e inevitable que ello distorsione las elecciones realizadas. Por ejemplo, el precio no interviene en la decisión del consumidor que dispone de seguro ni en la del médico que prescribe. Al mismo tiempo, la aseguradora carece de información detallada sobre las características y la situación del paciente, por lo que, aunque pueda estar interesada en el precio no puede ponderarlo en comparación con la demanda del producto.

La respuesta de muchas Administraciones a las distorsiones del mercado farmacéutico ha sido aplicar controles a los precios o limitar la relación de medicamentos cuyo coste es reembolsado por el plan de seguros. Es frecuente que, en estas circunstancias, las Administraciones busquen los medicamentos con una relación coste-efectividad más favorable que entren en un determinado presupuesto. Aunque es sensible a las exigencias fiscales a corto plazo, no es probable que este enfoque cree incentivos potentes para la innovación.

Así pues, los mercados farmacéuticos presentan una distorsión muy notable en diversos aspectos, y es probable que sean ineficientes para asegurar que las innovaciones de alto valor sean recompensadas adecuadamente.

Valor social superior al valor de mercado

Los mercados farmacéuticos se caracterizan también por los fallos en cuanto al valor de mercado que se producen incluso sin intervención de la Administración. Existen al menos cuatro problemas generales. En primer lugar, muchas enfermedades tienen importantes externalidades relativas a su carácter infeccioso. Por ejemplo, las vacunas protegen no sólo al individuo que es vacunado, sino también a otras personas que están en contacto con ese individuo. Sin embargo, al asignar un valor a la vacuna, es probable que un individuo tenga en cuenta principalmente el beneficio que representa para él, y no el beneficio social creado por la reducción de las infecciones de otros.

En segundo lugar, muchos mercados de productos farmacéuticos se caracterizan por curvas de demanda convexas, especialmente en los países en desarrollo. Esto se debe a que la disponibilidad a pagar por un fármaco está altamente correlacionada con la renta (por ejemplo, los individuos estarán dispuestos a pagar lo que sea por un medicamento que les salve la vida). Y en muchos países en desarrollo, la distribución de la renta es muy desigual. En consecuencia, una empresa con monopolio puede tener dificultades para obtener la apropiación del valor económico del mercado al elegir un único precio. En general, cuanto más igual es la disponibilidad a pagar de los diversos consumidores, mayor valor puede obtener la empresa monopolística. En los mercados con una gran desigualdad de rentas, la apropiabilidad será baja (Flynn, Hollis y Palmedo, 2009). Aunque, en principio, este problema podría abordarse con una discriminación de precios, generalmente resulta difícil poner precios muy diferentes dentro del mismo mercado geográfico.

En tercer lugar, en muchos casos un determinado medicamento tiene múltiples usos, a menudo con valores médicos diferentes. Por ejemplo, muchos fármacos anticancerosos se utilizan para tratar diferentes formas de cánceres, y tienen una efectividad diferente en diferentes indicaciones. Sin embargo, es posible que la empresa no pueda fijar el precio en función de su uso. Es evidente el motivo de que esto constituya un problema: consideremos un medicamento con un uso que puede salvar la vida del enfermo, y para el que 10 individuos (o aseguradoras) están dispuestos a pagar hasta $ 100.000. El medicamento tiene también un uso alternativo para aliviar la indigestión, para el que 100.000 individuos están dispuestos a pagar hasta $10 cada uno. En cada uno de los dos usos hay un millón de dólares disponibles en valor, pero la empresa no puede explotar de manera efectiva los dos mercados: o bien asigna al medicamento un precio alto, y pierde el mercado de la indigestión, o bien le asigna un precio bajo, sin obtener realmente el valor que tiene en el mercado en el que salva la vida. Asignar un precio bajo, a la vez que deja un mayor excedente del consumidor a los compradores, conduce a una apropiación incompleta del valor social y, por tanto, a unos incentivos insuficientes para invertir en los ensayos clínicos del producto. Se trata de otra variante de la curva de demanda convexa, pero en este caso la convexidad depende de los usos diferentes y no de rentas diferentes.

Por último, muchos consumidores tienen una baja capacidad de pago incluso por medicamentos que les salven la vida. Una manera de abordar esta cuestión es partir del supuesto de que el valor de una persona que no está dispuesta a pagar $ 100 por un medicamento que le salve la vida debe ser inferior a $ 100. Sin embargo, en esta situación es mucho más probable que el individuo simplemente no tenga $ 100, aun cuando esta cantidad pueda salvarle la vida. Las personas pobres viven a menudo con poca o ninguna reserva para los momentos en que están enfermos, y ello conduce a un tratamiento tardío o incompleto, o a que no se aplique tratamiento alguno. Esta cuestión resulta a veces incómoda para los economistas, que están acostumbrados a pensar en el valor en términos de disponibilidad a pagar (Viscusi y Aldy, 2003). Cuando asignamos a la salud un valor en dólares, observamos que las personas pobres valoran su salud menos que las ricas. Pero esto no implica que los pobres valoren la salud en sí menos que los ricos: significa que tienen una utilidad marginal superior de la renta (o de "otros bienes"). Este problema se ve agravado por los mercados con un crédito deficiente en los países pobres en donde una persona enferma tendrá dificultades para obtener préstamos a cuenta de futuros ingresos para poder pagar en la actualidad medicamentos que pueden salvar la vida.

Este último problema podría resumirse de la siguiente forma: el valor económico para el vendedor de los medicamentos está expresado en dólares; pero el valor de la vida de una persona para ella misma puede no describirse bien en dólares. Esto no significa que debamos gastar "todo lo que cueste" para prolongar la vida, pero causa problemas. Nuestro sistema económico utiliza el valor económico para asignar recursos, pero ésta no es la única fuente de valor, ni debe serlo. El resultado de este problema es que hay numerosas enfermedades que causan un gran daño a la humanidad, pero que no constituyen un objetivo atractivo para las compañías farmacéuticas porque la mayor parte de sus víctimas son relativamente pobres. Estas llamadas "enfermedades desatendidas" son, en algunos casos, extraordinariamente importantes: la tuberculosis causa un enorme sufrimiento y millones de muertes, pero puesto que su prevalencia se da sobre todo en los pobres, el interés comercial por abordarla no es alto.

Soluciones

He descrito tres razones generales de la existencia de lagunas en el conjunto de incentivos que aportan las patentes: protección insuficiente frente a la competencia; mercados disfuncionales para los bienes innovadores; y fallos en el valor de mercado. ¿Cuáles son las soluciones?

Exclusividad de datos

La exclusividad de datos es una innovación relativamente reciente en la protección de los medicamentos innovadores. Básicamente, la exclusividad de datos proporciona a la empresa innovadora un periodo de varios años durante los cuales ninguna empresa de medicamentos genéricos puede entrar en el mercado basándose en datos de ensayos clínicos presentados a las autoridades reguladoras para fines de autorización. En principio, una empresa de medicamentos genéricos que deseara producir el mismo producto podría obviar la limitación de la exclusividad de datos realizando sus propios ensayos clínicos, pero en la práctica estos ensayos son extraordinariamente costosos y laboriosos y es probable que no obtuvieran la aprobación ética. La exclusividad de datos tiene diversas duraciones en distintos países, entre los cinco años en Estados Unidos y los 10 en Europa. En Estados Unidos, los fármacos biológicos pueden obtenerla para un periodo de 12 años.

Tal como ha observado Eisenberg (2003-4), la exclusividad de datos puede ser útil para abordar el problema que se plantea cuando un nuevo medicamento, por alguna razón, no puede usar la protección de la patente. Por ejemplo, los ensayos clínicos podrían requerir tanto tiempo que las patentes obtenidas mediante la investigación inicial habrían caducado ya cuando la empresa puede obtener un beneficio de ellas, es decir, el problema de las patentes con limitación temporal es importante. La exclusividad de datos no aborda ninguno de los demás problemas antes comentados.

Financiación de la investigación por la Administración

Las Administraciones invierten una enorme cantidad de dinero para respaldar la investigación básica en universidades y en otros lugares, y gran parte de esa investigación es de extraordinaria importancia para permitir que se produzcan inventos comercialmente importantes. Este apoyo puede ayudar a abordar muchos de los problemas que se han mencionado antes. En los casos de investigación básica en los que no es probable el uso comercial del invento dentro del plazo de 20 años de validez de la patente, la financiación de la Administración es esencial. En los casos de mercados imperfectos, la financiación de la Administración puede desempeñar también un papel importante.

Lamentablemente, las Administraciones se enfrentan también con problemas graves para asignar de manera óptima los gastos de investigación, y asegurar luego el uso efectivo del invento, y rara vez observamos que las Administraciones lleven un fármaco desde la investigación hasta la aprobación por las autoridades reguladoras. Los problemas de la asignación de los gastos de investigación resultan especialmente graves en la fase de ensayos clínicos (los ensayos de fase III cuestan habitualmente decenas de millones de dólares). Aunque las Administraciones son capaces de dirigir estos gastos, el proceso de toma de decisiones pasa a ser problemático cuando el gasto comporta un riesgo importante. Por ejemplo, según Pfizer, esta empresa gastó casi 1.000 millones de dólares en el desarrollo clínico de su fármaco torcetrapib, sobre todo en ensayos de fase III[i]. Finalmente, el fármaco no tuvo éxito. ¿Qué político estaría dispuesto a apoyar estos gastos teniendo en cuenta el riesgo de fracaso? Las Administraciones carecen generalmente de un proceso para evaluar los gastos elevados en ensayos clínicos, y el entorno político hace difícil que la mayoría de ellas comprometan gastos elevados que tengan riesgo.

Financiación de la investigación por fundaciones

Las organizaciones filantrópicas, como la Fundación Bill & Melinda Gates tienen una estructura de toma de decisiones diferente que puede permitir la asunción de un cierto riesgo. Por consiguiente, pueden resolver algunos de los problemas que comporta la financiación de una investigación importante pero arriesgada. De hecho, estas fundaciones han desempeñado un papel de liderazgo en el apoyo a las "asociaciones para el desarrollo de productos" que se centran en el desarrollo y la puesta a prueba de nuevos medicamentos para las enfermedades desatendidas. Las Administraciones han podido colaborar con este esfuerzo mediante la participación como financiadores parciales, de

---

[i] Alex Berenson and Andrew Pollock, "Pfizer Shares Plummet on Loss of a Promising Heart Drug." *New York Times:* 5 de diciembre de 2006.

tal manera que cada Administración ha podido diluir en cierta medida el riesgo político mediante el respaldo a toda una cartera de proyectos.

El principal problema de la filantropía es garantizar que haya una capacidad de financiación suficiente. La Fundación Gates ha tenido un impacto muy importante al incrementar sustancialmente el nivel de apoyo económico, de tal manera que en la actualidad financia aproximadamente la mitad de los gastos totales de las asociaciones de desarrollo de productos (Moran y cols. 2010). Algunos autores han puesto en duda que este planteamiento sea sostenible (Mossialos y cols., 2010).

La propuesta del *Health Impact Fund*

La propuesta del *Health Impact Fund* (HIF) ha sido descrita de manera más completa por Hollis y Pogge (2008), por lo que incluiré aquí tan solo un resumen. La idea central de un fondo fijo compartiendo luego los resultados económicos obtenidos en función del beneficio social aportado se debe fundamentalmente a Michael Abramowicz (2002) y a James Love y Tim Hubbard (2007). El HIF es básicamente un mecanismo de premios sofisticado que utiliza la competencia basada en los beneficios de salud medidos para asignar la cantidad del premio. Tal como señalan Gallini y Scotchmer (2001), un sistema de premios es el mejor mecanismo posible para provocar la innovación "si la magnitud del premio pudiera ligarse al valor social" de la innovación. Eso es exactamente lo que intenta hacer el HIF.

La idea básica del HIF es que las Administraciones financien de forma colectiva una recompensa económica fija total cada año. Las empresas con un producto farmacéutico innovador podrían registrarlo en el HIF, en cuyo caso estarían obligadas a vender el producto a nivel mundial al coste de producción o a licenciarlo para la producción como producto genérico. En contrapartida, la empresa pasaría a ser elegible para la obtención de las recompensas del HIF, de tal manera que cada empresa las obtendría en función de su cuota de participación en el impacto total en la salud generado por todos los productos registrados durante un periodo de diez años. Así pues, en un determinado año, si la cantidad total de recompensa fuera de $ 6.000 millones y los productos de una empresa produjeran el 10% del impacto total medido sobre la salud aportado por todos los productos registrados, la empresa obtendría unos pagos en premio de $600 millones ese año. La evaluación del impacto en la salud se realizaría mediante el cambio incremental en los resultados en salud como consecuencia de la introducción del fármaco registrado, en comparación con la situación basal de la práctica clínica establecida antes de la introducción del medicamento. Para permitir la comparabilidad entre productos y países, el impacto en la salud debería expresarse en la medida agregada de "años de vida ajustados por su calidad" o AVAC.

Sin entrar en el detalle de cómo funcionaría la evaluación del impacto en la salud, los puntos clave a señalar acerca de la propuesta del HIF en este contexto incluyen la forma de abordar los problemas que se han comentado antes.

En primer lugar, obvia el carácter de limitación temporal de las patentes al iniciar el reloj de las recompensas *después* de la autorización de comercialización, como en el caso de la exclusividad de datos, en vez de en el momento de presentar una solicitud de patente preliminar. Aun en el caso de que las patentes caducaran y otras empresas pudieran competir durante el periodo de premio de 10 años, el HIF pagaría las recompensas en función del impacto en la salud evaluado de todas las ventas del producto registrado, con independencia de quién fuera el vendedor.

En segundo lugar, aunque el HIF no impide la competencia de los productos *me-too*, tampoco estimula dicha competencia. Los inventivos para el registro de medicamentos *me-too* en el HIF son débiles, dado que el beneficio de salud incremental de estos productos tiende a ser bajo. Así pues, el HIF no eliminaría por completo el incentivo para el desarrollo de productos de imitación, pero ayudaría a reestructurar los incentivos de manera que los productos pioneros recibieran una recompensa en proporción a sus beneficios.

En tercer lugar, el HIF podría diseñarse para recompensar los nuevos usos de moléculas ya existentes. Hollis y Pogge (2008) proponen que las empresas que demuestran nuevos usos de fármacos existentes sean consideradas elegibles para las recompensas durante cinco años solamente, dado que los riesgos son muy inferiores. En un caso de este tipo, la empresa que lo registrara obtendría recompensas en función del beneficio total aportado por el producto en el nuevo uso, con independencia de quién fuera el proveedor de dicho producto.

En cuarto lugar, el HIF podría abordar de manera útil algunos de los problemas relativos a los mercados disfuncionales. Dado que el HIF exigiría que el precio de los medicamentos fuera el del coste de producción (básicamente el precio de un genérico), generalmente no surgiría el problema de los controles de precios, y las Administraciones tendrían pocos incentivos para reducir el uso de un producto de marca para atender a las restricciones presupuestarias.

En quinto lugar, el HIF abordaría directamente los problemas causados por la mala correlación entre valores sociales y disponibilidad a pagar. Por lo que respecta a las enfermedades infecciosas, la medida del impacto en salud del HIF podría diseñarse naturalmente para que fuera un modelo representativo de la reducción de las tasas de infección en una comunidad cuando un individuo es vacunado. El impacto de una vacunación en la salud consiste en la protección aportada al individuo y la reducción de la transmisión a otras personas, y el HIF podría incluir explícitamente ese efecto externo al calcular la recompensada asignada.

En los casos de demanda convexa a causa de desigualdades de renta extremas en un país, el precio bajo exigido por el HIF para los medicamentos registrados facilitaría una alta utilización, mientras que el coste de financiación para el HIF se mantendría probablemente en consonancia con la renta. Así pues, los individuos de rentas más altas contribuirían en mayor medida a las recompensas de financiación, pero esto no ocurriría a través de unos precios altos que impidieran el acceso a los pobres.

Si un producto tuviera diferentes usos, el HIF podría ajustar las recompensas para tenerlo en cuenta. Por ejemplo, si un producto tuviera un uso de un valor muy alto en un número reducido de individuos, y un uso de menor valor en muchos individuos, la compañía podría venderlo siempre al precio bajo, pero la recompensa obtenida se calcularía en función de los beneficios de salud estimados en los dos grupos. Así pues, la compañía no se ve obligada a sacrificar los beneficios de la venta a un precio que sea razonable para el uso de beneficio bajo; y no tiene que sacrificar el volumen de ventas comercializándolo solamente para los consumidores para los que tiene un valor elevado, a un alto precio.

Por último, el HIF no diferenciaría entre las personas en función de su disponibilidad a pagar al calcular el beneficio en salud. Así, la prolongación de la vida de una persona pobre constituiría para la empresa que ha registrado el fármaco una oportunidad de beneficio igual de atractiva que la prolongación de la vida de una persona rica. Esto crearía incentivos para las empresas para desarrollar medicamentos que pudieran utilizarse principalmente para tratar a personas de los países en desarrollo. También motivaría a las compañías a invertir en la accesibilidad a esos fármacos, puesto que la recompensa recibida por las empresas se basaría en los resultados de salud evaluados. Evidentemente, una empresa a la que se recompensa sin un beneficio por proporcionar medicamentos a las personas de los países pobres tiene poca motivación para preocuparse realmente del suministro. En cambio, el HIF recompensaría a las compañías por mejorar la salud en las personas pobres (igual que en las ricas), y por tanto las compañías tendrían un incentivo para involucrarse en los tipos de actividades que son esenciales para hacer que los fármacos sean accesibles, como por ejemplo la obtención de una autorización rápida por parte de las autoridades reguladoras.

Una forma de resumir la propuesta del HIF es que podría recompensarse adecuadamente la innovación terapéutica que es terapéuticamente valiosa pero carece de atractivo comercial dentro de nuestros sistemas actuales. Como tal, el HIF se diseña básicamente para llenar las lagunas existentes en el sistema de patentes, que se producen como consecuencia de los problemas que se han descrito antes.

La propuesta del HIF depende básicamente de la capacidad de medir el impacto en la salud de una forma creíble. El sistema de patentes resuelve el problema de la asignación de las recompensas al conceder un monopolio temporal sobre el uso del invento: en consecuencia, la recompensa que recibe la empresa está relacionada con el valor de mercado del invento. Es decir, la recompensa se determina a través de un proceso de mercado, lo cual implica que depende de las asignaciones de valor y preferencias del consumidor no observables. Así pues, el HIF, en cierta forma, requiere una medida artificial del valor. Sin embargo, este constructo artificial es plausible por diversas razones. En primer lugar, en los productos farmacéuticos, las asignaciones de valor y preferencias del consumidor no son tan importantes como en otros mercados ya que las Administraciones o las aseguradoras fijan a menudo el precio en función de consideraciones relativas al impacto esperado sobre la salud en cada caso. Y en segundo lugar, para los productos farmacéuticos diseñados principalmente para mejorar la salud, una medida del impacto en la salud puede capturar de manera razonable el valor del producto de una forma atractiva y que se atiene a las intuiciones existentes sobre el valor de la vida y la salud.

Dado que el sistema de HIF requiere la capacidad de medir el valor sin hacer referencia al precio, la metodología no es fácilmente generalizable. Hollis (2007) sugiere algunos otros sectores en los que tal vez podría aplicarse este enfoque.

Resumen

El sistema de patentes ha sido notablemente productivo a lo largo de los años, y ello sugiere que los cambios deben aplicarse a modo de prueba y de forma incremental. Sin embargo, las patentes no son más que uno de los instrumentos dentro de la gama de posibles mecanismos para respaldar la inversión en innovación. El apoyo a la investigación por parte de las Administraciones y las fundaciones ha sido y continúa siendo crucial, sobre todo a través de la financiación directa de la investigación en campos que se consideran importantes y potencialmente productivos.

La propuesta del *Health Impact Fund* puede interpretarse como un mecanismo para llenar las lagunas existentes, que identifica y ocupa automáticamente los vacíos que deja el sistema de patentes para los nuevos medicamentos (y los nuevos usos de medicamentos ya existentes) que es probable que tengan un valor terapéutico real pero escaso valor comercial.

BIBLIOGRAFÍA

Abramowicz M. Perfecting patent prizes. Vanderbilt Law Review. 2003;56(1):114-236.

Cohen W, Nelson R, Walsh J. Protecting their intellectual assets: appropriability conditions and why U.S. manufacturing firms patent (or not). NBER WP. 2000;7552.

Eisenberg R. Lecture: Patents, Product Exclusivity, and Information Dissemination: How Law Directs Biopharmaceutical Research and Development. Fordham Law Review. 2003-4;72:477.

Flynn S, Hollis A, Palmedo M. An Economic Justification for Open Access to Essential Medicine Patents in Developing Countries. J Law Med Ethics. 2009;37(2):184-208.

Garnier JP. Rebuilding the R&D Engine in Big Pharma. Harvard Bus Rev. 2008;86(5):68-76.

Hollis A, Pogge T. The Health Impact Fund: Making New Medicines Accessible for All. Incentives for Global Health. 2008. New York.

Hollis A. Incentive Mechanisms for Innovation. University of Calgary: IAPR Technical Paper TP-07005; 2007.

Lichtenberg F, Philipson T. The dual effects of intellectual property regulations: within- and between-patent competition in the U.S. pharmaceuticals industry. J Law Econ. 2002;XLV:643-72.

Love J, Hubbard T. The Big Idea: Prizes to Stimulate R&D for New Medicines. Chic Kent Law Rev. 2007;82(3):1519-54.

Moran M, Guzman J, Ropars AL, Illmer A. The role of Product Development Partnerships in research and development for neglected diseases. Int Health. 2010;2:114-22.

Mossialos E, et al. 2010 Policies and incentives for promoting innovation in antibiotic research. Geneva: World Health Organization; 2010.

Syed T. Should a Prize System for Pharmaceuticals Require Patent Protection for Eligibility? Incentives for Global Health. Discussion Paper #2; 2009.

Viscusi WK, Aldy J. The Value of a Statistical Life: A Critical Review of Market Estimates Throughout the World. J Risk Uncertain. 2003;27(1):5-76.

CAPÍTULO 5

Contribución de Estados Unidos, Europa y Japón al descubrimiento de nuevos fármacos: 1982-2003

Henry Grabowski

Introducción

En un artículo publicado en *Health Affairs* en 2006, Grabowski y Wang (G&W) examinaron las tendencias en la introducción de nuevas entidades químicas (NEQ) en todo el mundo entre 1982 y 2003[1]. Aunque se ha documentado claramente una reducción a lo largo del tiempo del total de introducciones en todo mundo, observamos que varios indicadores de la calidad, como el número de medicamentos globales, primeros de su clase, de biotecnología y huérfanos mostraban tendencias más positivas. Las empresas con sede principal en los Estados Unidos ocupaban una posición de intenso liderazgo en cuanto a ser los introductores iniciales de la mayor parte de nuevos compuestos, incluidos los de medicamentos primeros en su clase, de biotecnología y huérfanos.

En este capítulo presento un análisis complementario respecto a nuestro artículo anterior, centrado en la etapa de descubrimiento de fármacos en cada una de estas regiones. Las empresas multinacionales realizan investigación y desarrollan nuevos fármacos en varias localizaciones. También pueden establecer asociaciones y contratos de licencia sobre candidatos a nuevos fármacos, de manera que la nacionalidad de una empresa que introduce un producto es con frecuencia diferente de la de la empresa en la que se ha inventado y desarrollado inicialmente el medicamento. Existe también un "mercado para la innovación" bien definido y estudiado en los productos farmacéuticos[2]. Esto es especialmente cierto en el caso de la industria biotecnológica, que ha sido origen de muchos nuevos productos a lo largo de las dos últimas décadas.

Utilizo la información contenida en los datos de patentes para establecer la región en la que se realizó el descubrimiento de todos los compuestos primeros en su clase, biotecnológicos, globales y huérfanos de la muestra de G&W. Estos datos ponen de manifiesto que los laboratorios de I+D situados en los Estados Unidos han descubierto más productos de estas categorías que los laboratorios de I+D situados en Europa o Japón. El liderazgo de los Estados Unidos se ha incrementado también con el paso del tiempo. Estos resultados son compatibles con los de otros estudios en los que se han utilizado muestras e indicadores diferentes del descubrimiento de fármacos por los países y las regiones geográficas.

En el próximo apartado, resumo la literatura previa y comento el fundamento del uso de los medicamentos primeros en su clase, biotecnológicos, globales y huérfanos como parámetros de valoración de la calidad de los fármacos. En los apartados siguientes presento los resultados empíricos sobre la localización de los descubrimientos farmacéuticos en los Estados Unidos, Europa y Japón para cada uno de estos parámetros de la calidad de los medicamentos. En un apartado posterior se consideran también varias cuestiones relativas al análisis de la productividad de I+D según la región realizado por Light utilizando nuestros datos sobre introducciones de nuevos fármacos[3]. En el último apartado se incluyen algunas observaciones sobre las repercusiones en las políticas de nuestros análisis sobre la competitividad internacional realizados aquí y en otros estudios relacionados.

Medidas de la calidad de los medicamentos en la literatura previa

Al examinar los datos internacionales sobre el rendimiento de la innovación, diversos autores y organizaciones de investigación han evaluado históricamente diferentes medidas de aportes y resultados, como las introducciones de nuevos fármacos, el número de patentes y los gastos en investigación y desarrollo[4]. Aunque proporcionan medidas cuantitativas agregadas de interés, no capturan la calidad de las introducciones a lo largo del tiempo ni comparan las introducciones indexadas según su calidad entre diversos países.

Un índice orientado a la calidad que empezó a recibir atención por parte de los expertos académicos en los años ochenta del siglo pasado fue el concepto de nuevas entidades químicas (NEQ) de consenso o globales[5]. Las NEQ globales se definen como nuevos fármacos introducidos en la mayoría de los mercados de medicamentos líderes en el mundo. Varios autores señalaron que un elevado porcentaje de las introducciones de fármacos se realizaron históricamente en uno o unos pocos países relacionados. Las NEQ globales capturan avances terapéuticos importantes desde una perspectiva médica, así como fármacos que abordan oportunidades de mercado importantes. A este respecto, Grabowski (1989) observó que se introdujeron más de 50 NEQ anuales internacionalmente desde los años setenta hasta 1983, y solamente un 24% de ellas se introdujeron en la mayoría de los grandes mercados mundiales.

En mi estudio con Richard Wang, consideramos las introducciones globales como uno de los índices de la calidad de los medicamentos, pero desarrollamos algunas medidas de valoración alternativas que reflejaban otros atributos de calidad específicos. Prestamos especial atención a la novedad farmacológica, es decir a los medicamentos primeros de su clase. Además, examinamos las tendencias y los orígenes de los medicamentos de biotecnología y de los fármacos huérfanos, dado que estas entidades aportan a menudo avances terapéuticos para enfermedades y discapacidades en las que hay necesidades médicas insatisfechas considerables.

Ámbito de la muestra y definiciones en el análisis de Grabowski y Wang

El presente análisis toma como base la muestra y la metodología de Grabowski y Wang para determinar el país del descubrimiento. En este apartado se presenta un breve resumen del origen subyacente de los datos. Con el empleo de la nueva base de datos *Product Focus* (IMS Health Incorporated, Fairfield, Conn.), Grabowski y Wang identificaron todas las NEQ introducidas por primera vez en todo el mundo entre 1982 y 2003. Esta base de datos incluye todos los lanzamientos de medicamentos en 68 países. El *IMS Health* define las NEQ en función del primer lanzamiento internacional de un nuevo principio activo, incluidas tanto las nuevas entidades químicas como los nuevos productos biológicos (específicamente proteínas recombinantes y vacunas recombinantes).

La definición de las introducciones mundiales en el estudio de Grabowski y Wang considera la difusión en los países del G7 (Canadá, Francia, Alemania, Italia, Japón, Reino Unido y Estados Unidos). Nosotros definimos las NEQ globales como las definidas en una mayoría (al menos cuatro) de los países del G7. Estos países son los siete mercados farmacéuticos más grandes del mundo.

Identificamos también las NEQ que eran el primer compuesto de una clase terapéutica (medicamentos primeros de su clase). La clase terapéutica se define con una combinación específica de la *Uniform System of Classification* (USC) de cinco dígitos y el sistema de la *Anatomical Therapeutic Classification* (ATC) de cuatro niveles. Nosotros utilizamos el *National Disease and Therapeutic Index* de los Estados Unidos para el periodo de septiembre de 2003 a agosto de 2004 (*IMS Health*) para obtener las clasificaciones de USC y ATC.

Además, nos centramos en otras dos categorías de NEQ de interés para las políticas, a saber, los productos de biotecnología y los productos huérfanos. Utilizamos la base de datos de IMS para identificar la categoría de los medicamentos biológicos. Definimos un producto huérfano como una NEQ comercializada en los Estados Unidos en un plazo de seis meses tras la autorización de la FDA de su primera indicación huérfana. Esta definición excluye las NEQ para las que se aprueban indicaciones huérfanas después del lanzamiento. Los productos huérfanos definidos excluían los todavía no comercializados en los Estados Unidos.

A continuación definimos la corporación que había comercializado en primer lugar una NEQ en función de lo indicado en la base de datos y asignamos la nacionalidad de la NEQ en el país en el que esta corporación tenía su sede. Si había más de una empresa que había lanzado por primera vez la NEQ, a cada empresa se le asignaba una parte igual de esa NEQ para los fines de atribución de nacionalidad. La base de datos de IMS permite rastrear la nacionalidad de la compañía en el momento de la primera introducción global, y evita por tanto las dificultades derivadas de las posteriores fusiones que podrían modificar la identidad de la corporación.

Se introdujeron un total de 919 NEQ entre 1982 y 2003. De estas NEQ, un 42% fueron NEQ globales, un 13% fueron NEQ primeras de su clase, un 10% fueron productos de biotecnología y un 8% fueron productos huérfanos. Las NEQ primeras de su clase, los productos de biotecnología y los productos huérfanos era más probable que fueran productos globales (76%, 56% y 61%, respectivamente).

Resultados clave del estudio de Grabowski y Wang

En el análisis de Grabowski y Wang se obtuvieron dos resultados importantes. En primer lugar, las tendencias observadas sugieren que la calidad comparativa de las NEQ ha aumentado a lo largo del tiempo. Concretamente, la fuerte tendencia decreciente observada en el total de nuevas entidades químicas por muchos investigadores se modera si se examinan medidas más selectivas de la calidad de los medicamentos (es decir, las tendencias en los medicamentos globales, los medicamentos primeros de su clase y los productos de biotecnología y huérfanos). Esto se ilustra en la Figura 5-1, reproducida del estudio de Grabowski y Wang. Concretamente, todas estas categorías de productos han aumentado respecto a las introducciones totales a lo largo del tiempo. Además, los medicamentos primeros de su clase, biotecnológicos y huérfanos han mostrado un crecimiento positivo significativo a lo largo del tiempo.

Un segundo resultado importante se refiere al origen de los resultados ajustados por calidad de los diversos países. En la Tabla 5-1 se indica la nacionalidad de las NEQ del estudio de Grabowski y Wang determinadas según la localización de la sede principal de la Compañía que realiza la introducción global inicial. Las compañías europeas fueron las que introdujeron más NEQ en ambos periodos, al igual que más NEQ globales. Las empresas de Estados Unidos fueron las que introdujeron más NEQ primeras de su clase, de biotecnología o huérfanas. El liderazgo de Estados Unidos en estas tres categorías fue más pronunciado en el periodo de 1993 a 2003, en el que supuso un 48% de los fármacos primeros de su clase, un 52% de los medicamentos de biotecnología y un 55% de los medicamentos huérfanos.

Medidas de la calidad de los medicamentos y análisis actual

En este capítulo, amplío los resultados del análisis de Grabowski y Wang, centrándome en el país del descubrimiento para las categorías de medicamentos globales, primeros de su clase, de biotecnología y huérfanos, utilizando la información de las patentes. Como grupo, estas categorías debieran capturar todos los avances terapéuticos importantes a lo largo de este periodo. Antes de hacerlo, comentaré el fundamento de cada uno de los indicadores ajustados según la calidad en este sector. Donald Light ha cuestionado si estas categorías capturan la novedad científica y la importancia comercial más que los beneficios terapéuticos para los pacientes[6]. En el resto de este apartado, comentaré el fundamento del uso de cada uno de estos parámetros de valoración como indicadores de diversos atributos de calidad en las introducciones de nuevos fármacos. También introduciré algunos ajustes marginales en la muestra de datos respecto a nuestro artículo anterior.

Medicamentos primeros de su clase

Las introducciones de medicamentos primeros de su clase proporcionan a los médicos mecanismos novedosos para tratar las enfermedades y dolencias de los pacientes. En términos de beneficios clínicos, la mayoría de los medicamentos primeros de su clase identificados en nuestra muestra de 1982-2003 fueron clasificados como avances terapéuticos importantes por la FDA[7]. Muchas empresas siguen varias líneas prometedoras de manera simultánea y se producen avances farmacológicos importantes tanto con la introducción de nuevas clases de fármacos como con la evolución de productos de esas

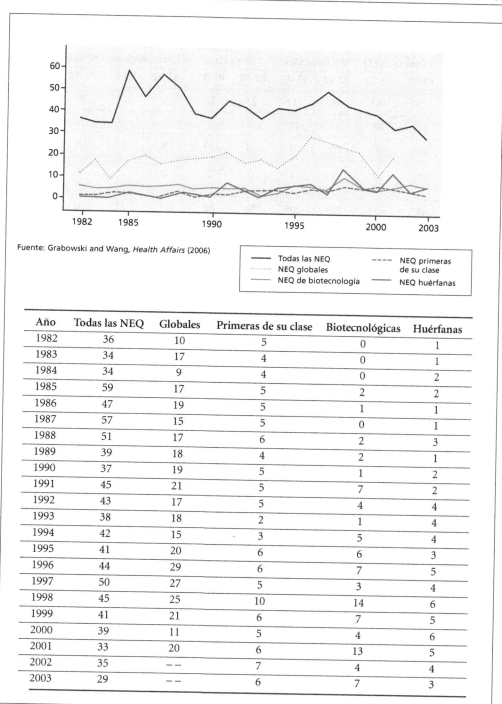

Fuente: Grabowski and Wang, *Health Affairs* (2006)

Año	Todas las NEQ	Globales	Primeras de su clase	Biotecnológicas	Huérfanas
1982	36	10	5	0	1
1983	34	17	4	0	1
1984	34	9	4	0	2
1985	59	17	5	2	2
1986	47	19	5	1	1
1987	57	15	5	0	1
1988	51	17	6	2	3
1989	39	18	4	2	1
1990	37	19	5	1	2
1991	45	21	5	7	2
1992	43	17	5	4	4
1993	38	18	2	1	4
1994	42	15	3	5	4
1995	41	20	6	6	3
1996	44	29	6	7	5
1997	50	27	5	3	4
1998	45	25	10	14	6
1999	41	21	6	7	5
2000	39	11	5	4	6
2001	33	20	6	13	5
2002	35	– –	7	4	4
2003	29	– –	6	7	3

Figura 5-1. Introducción anual de nuevas entidades químicas (NEQ), por categorías, 1982-2003

Tabla 5-1. Nacionalidad de las NEQ según la localización de la sede central

País	Todas las NEQ		NEQ globales		NEQ primeras de su clase		NEQ biotecnológicas		NEQ huérfanas	
	82-92	93-03	82-92	93-03	82-92	93-03	82-92	93-03	82-92	93-03
Europa	230	183	99	112	23	27	6	23	9	20
Japón	125	88	12	12	5	3	5	9	1	0
EEUU	120	152	66	81	24	30	9	37	10	27
Resto del mundo	7	13	3	1	0	2	0	2	0	2
Total	482	437	179	206	53	62	19	71	20	49

Fuente: Grabowski and Wang, Health Affairs (2006)

clases a lo largo del tiempo. En este proceso competitivo, los medicamentos primeros de su clase constituyen hitos importantes en la adición de nuevas clases de fármacos al arsenal terapéutico del médico. Al mismo tiempo, las introducciones posteriores dentro de una nueva clase terapéutica pueden aportar beneficios adicionales a los pacientes en cuanto a mejora de los atributos o nuevas indicaciones[8]. Aunque tan solo un fármaco de una clase puede ser el primero autorizado en ella, las introducciones de fármacos posteriores que aportan avances significativos tienden a difundir rápidamente en los diversos países y a convertirse en fármacos globales o de consenso.

Resulta instructivo considerar algunas de las nuevas clases de fármacos importantes que se han introducido en el período 1982-2003 cubierto por nuestro análisis. Ha habido un flujo constante de nuevas categorías de medicamentos. Puede consultarse una relación detallada de estas nuevas clases y de los primeros fármacos introducidos en el mercado de Estados Unidos en el trabajo de DiMasi y colaboradores[9].

En el periodo de la submuestra de 1982-1992 asistimos a la introducción de varias nuevas clases de fármacos que abordaban áreas de enfermedad en las que los tratamientos existentes eran pocos o inadecuados (por ejemplo, los inhibidores de la transcriptasa inversa nucleósidos para tratar las infecciones por VIH, las quinolonas y los macrólidos de espectro ampliado para tratar infecciones bacterianas, y diversas nuevas clases como los taxanos para tratar los cánceres). Además, se introdujeron nuevas clases terapéuticas que mejoraban la efectividad del tratamiento y la tolerabilidad de los pacientes en problemas médicos muy frecuentes, como la depresión, la reducción del colesterol, la migraña y la enfermedad de reflujo gastroesofágico (por ejemplo, ISRS, estatinas, triptanes e inhibidores de la bomba de protones).

Entre los avances terapéuticos notables del periodo comprendido entre 1993 y 2003 se encuentra la introducción de los inhibidores de proteasa que se utilizaron en combinación con inhibidores de la transcriptasa inversa nucleósidos y no nucleósidos para la infección por VIH. Estos protocolos de tratamiento antirretroviral combinado revolucionaron el tratamiento del sida[10]. Además, se introdujeron varias nuevas clases de tratamientos para el cáncer, entre los que se encuentran los inhibidores de la topoisomerasa-I para el cáncer colorrectal, los inhibidores de proteína-tirosina quinasa para tratar la leucemia y los inhibidores de la quinasa de receptor de factor de crecimiento epidérmico para diversos tipos de cáncer. Otras nuevas clases de fármacos introducidas durante este periodo fueron los moduladores selectivos de receptores estrogénicos para tratar la osteoporosis, los antagonistas de receptores de angiotensina para la hipertensión, los antagonistas de la glucoproteína IIb/IIIa para tratar el infarto agudo de miocardio y la angina inestable, y los inhibidores de la anhídrasa carbónica para el tratamiento del glaucoma.

Al establecer la categoría de las introducciones de medicamentos primeros de su clase, G&W utilizaron una combinación específica de los códigos de ATC y USC. Esto permitió una agrupación de las nuevas clases más representativas que la que se obtenía con el empleo de una u otra fuente sola. Una limitación fue el hecho de que solamente se dispuso de ambos códigos de clasificación para los medicamentos aprobados y comercializados en los Estados Unidos. Dado el tamaño y la importancia del mercado de Estados Unidos, existen fuertes incentivos económicos para la introducción de nuevas clases de fármacos importantes en ese país. Sin embargo, algunas nuevas clases de medicamentos que se introdujeron primero en Europa o Japón pueden no haber estado comercializados en los Estados Unidos en el periodo previo a 2003, sobre todo si se comercializaron hacia la parte final de nuestro periodo de muestra. Con objeto de verificar la posibilidad de que hubiera omisiones de este tipo, he examinado la información de otras fuentes para la muestra de medicamentos comercializados en el Reino Unido o Japón desde 1982, pero que no se habían introducido en los Estados Unidos antes 2003[11]. Tuve en cuenta también si alguno de los fármacos que se habían clasificado como medicamentos primeros de su clase según nuestros criterios había estado comercializado en el mundo antes de 2003 y había sido introducido posteriormente en los Estados Unidos entre 2003 y octubre de 2009. Estas búsquedas adicionales identificaron un medicamento primero de su clase adicional que se asignó a Europa en función de la nacionalidad de la empresa que había hecho el descubrimiento e introducido el producto[12].

Agentes biológicos

La industria de la biotecnología es una fuente relativamente nueva de innovación médica. La primera oleada de productos de biotecnología se centró en las formas recombinantes de sustancias naturales. Las autorizaciones iniciales fueron las de la insulina humana sintética en 1982 y la hormona de crecimiento humana en 1985. Tras ello se produjeron diversos avances durante la primera década de productos de biotecnología. Otros agentes biológicos notables aparecidos durante esta primera década fueron la eritropoyetina, utilizada ampliamente en los pacientes dializados y como terapia de apoyo en pacientes con cáncer o sida, el filgrastim para la neutropenia y el interferón alfa que está indicado en la hepatitis C y la leucemia.

La contribución creciente del sector de los productos biológicos es especialmente evidente en el periodo de 1993-2003. Una nueva clase de productos de biotecnología se centró en los anticuerpos monoclonales y otros tipos de proteínas. Estos productos iban dirigidos a muchas enfermedades y dolencias que comportan un peligro para la vida y que comportan necesidades insatisfechas importantes. Por ejemplo, los inhibidores de TNF introducidos a finales de los años noventa tienen indicaciones aprobadas en la artritis reumatoide, la psoriasis y la enfermedad de Crohn. Varias de las introducciones de nuevos anticuerpos monoclonales en el campo de la oncología han desempeñado un papel importante en la mejora de la supervivencia. Estos nuevos productos incluyeron la introducción de rituximab en 1997, trastuzumab en 1998 y bevacizumab a comienzos de 2004[13]. Como se comenta con mayor detalle más adelante, estos productos primeros de su clase y nuevos agentes biológicos fueron descubiertos de manera desproporcionadamente superior en los Estados Unidos, pero a menudo fueron desarrollados en colaboración con compañías con sede central tanto en Estados Unidos como en otros países.

Compuestos huérfanos

El número de productos huérfanos aumentó también de forma muy notable con la aparición en Estados Unidos de la ley Orphan Drug Act en 1984. Esta ley proporcionaba reducciones de impuestos e incentivos de exclusividad de mercado para los productos dirigidos a las enfermedades minoritarias. Japón aprobó una legislación para medicamentos huérfanos en 1993 y en la Unión Europea en 1999. Algunas de las introducciones notables de medicamentos huérfanos que se han producido desde 1982 son las de los tratamientos para la esclerosis múltiple, la enfermedad de Gaucher y las formas infrecuentes de cáncer. La mayor parte de los nuevos medicamentos huérfanos introducidos en los Estados Unidos son clasificados como avances terapéuticos importantes por la FDA, y varios de ellos cumplen los requisitos para una autorización acelerada y programas de introducción rápida[14].

Con objeto de determinar si estos productos huérfanos están comercializados actualmente en Europa y Japón, pero no en Estados Unidos, examiné todos los productos huérfanos de la Unión Europea y Japón, partiendo de las listas de medicamentos huérfanos autorizados en esos países. Para estos compuestos, identifiqué en primer lugar si el producto era una entidad molecular nueva y también si el primer uso autorizado era para una indicación huérfana, como se había hecho en nuestro estudio anterior para los productos autorizados en Estados Unidos. Con esto se identificaron dos productos huérfanos adicionales asignados a empresas japonesas y un producto huérfano adicional asignado a una empresa de la Unión Europea[15].

Medicamentos globales o de consenso

Como se ha comentado antes, las introducciones de medicamentos globales comercializados en la mayor parte de los grandes mercados mundiales han sido utilizadas por diversos investigadores previos como indicador de la importancia terapéutica y comercial de los fármacos. Esta medida puede reflejar también la capacidad de comercialización y la estructura multinacional de la organización en la que se origina el medicamento, en comparación con lo que aportan medidas de valoración más selectivas como la de los medicamentos primeros de su clase. Una característica limitante de nuestra definición anterior de las NEQ globales es que los países europeos incluyen cuatro de los siete países del G7 que utilizamos como base en nuestro análisis anterior. Esto da a los países europeos la máxima ponderación en las medidas de consenso. Concretamente, en nuestro estudio previo, un medicamento podía considerarse global si estaba introducido tan solo en los cuatro mercados más grandes de Europa. Aunque los Estados Unidos y Japón constituyen los dos mercados farmacéuticos más grandes, solo tienen dos "votos", mientras que los mercados de países europeos mucho más pequeños tienen cuatro de los siete votos al medir las introducciones de medicamentos globales. Al considerar Europa como una sola entidad, y realizar comparaciones con Estados Unidos y Japón, como en el presente análisis, está justificada una medida más selectiva de las introducciones de medicamentos globales.

En el análisis que sigue, defino un medicamento global como el que está comercializado en seis de los siete mercados más grandes. Esto significa que, incluso para los fármacos introducidos en los cuatro países europeos, continúa siendo necesaria la introducción en al menos dos de los otros tres países del G7 (Estados Unidos, Japón y Canadá) para que se le considere un medicamento global. Aplicando esta definición, hay 256 medicamentos globales, es decir, aproximadamente un 30% de la muestra total de 919 introducciones de medicamentos en todo el mundo en el periodo de muestra de 1982 a 2003. Esta cifra puede compararse con la de 385 NEQ, es decir, alrededor de un 40% del total de introducciones con entrada en cuatro o más de los países del G7[16]. La medida más selectiva utilizada aquí se centra en los medicamentos que constituyen introducciones de consenso aprobadas en casi la totalidad de los principales mercados farmacéuticos nacionales. Esto debería hacer también que las medidas globales utilizadas en este análisis fueran un índice más específico desde el punto de vista de una adición que los médicos "deben disponer" en su arsenal terapéutico para el tratamiento de los pacientes.

Muestra total de medicamentos primeros de su clase, biotecnológicos, globales y huérfanos

La muestra combinada de introducciones de medicamentos primeros de su clase, biotecnológicos y globales incluye 380 introducciones originadas en los Estados Unidos, Europa o Japón clasificadas en una o varias de estas categorías[17]. Ésta es la muestra de introducciones para las que analizó el área geográfica del descubrimiento en el presente análisis. Esta muestra se utiliza también para comparar la nacionalidad determinada en función de la región del inventor de la NEQ con la basada en la localización de la sede de la empresa que la introduce.

Comparación de la región del inventor de la NEQ con la región de la sede de la empresa

Metodología y datos

Para obtener una mejor perspectiva sobre el lugar de invención de cada NEQ, he combinado los datos de las patentes de la muestra de todas las introducciones de medicamentos primeros de su clase, biotecnológicos, globales y huérfanos. Estos datos nos permiten determinar los inventores y las organizaciones afiliadas correspondientes para cada introducción, y con ello la localización del laboratorio de I+D en el que se originó la introducción del medicamento. Este parámetro es un indicador de interés del rendimiento innovador de por sí, y permite también construir medidas alternativas de la productividad de I+D para la comparación con las basadas en la nacionalidad de las empresas que realizan la primera introducción mundial de una NEQ.

Como primera fuente de datos sobre patentes, utilizo la información de patentes de los Estados Unidos y del Reino Unido. Ambos países permiten a las compañías recuperar parte del tiempo de vigencia de la patente que se emplea en el desarrollo clínico y la revisión por parte de las autoridades reguladoras. La empresa puede ampliar solamente una patente, y generalmente es la de la invención fundamental que es la que ofrece más protección (es decir, la composición del producto en el caso de una nueva entidad química). Cuando no hay información de la patente sobre una introducción global en estas solicitudes de patentes de Estados Unidos y el Reino Unido, utilizo la patente fundamental indicada en *IMS R&D Focus*, así como la información sobre la empresa de origen o la innovación mencionados en *Pharma Projects*, para determinar quién realizó el descubrimiento del fármaco y su país de origen. He podido determinar los inventores y el país de origen de todas las observaciones realizadas, excepto un pequeño porcentaje, para las muestras combinadas de medicamentos primeros de su clase, biotecnológicos, globales y huérfanos. En unos pocos casos en los que no se dispuso de esta información, utilizo la información que consta en Internet para establecer la región de origen. Generalmente se atribuyeron a compañías de fuera de Estados Unidos[18].

El enfoque presentado me permite identificar para cada introducción de un medicamento en la muestra combinada: (i) el país o región del descubrimiento utilizando los datos de patente y (ii) la localización de la sede principal de la empresa que realiza la primera introducción mundial con el empleo de la base de datos *IMS New Product Focus*. Cuando hay diferentes compañías involucradas en el descubrimiento y la introducción, el país del descubrimiento se asigna en función de la localización del laboratorio de I+D en el que se ha producido la invención del compuesto. Por otro lado, la localización de la sede principal de la compañía que realiza la primera introducción aporta generalmente información sobre el lugar en el que se fundamentó el desarrollo del compuesto y se progresó hasta llegar a la introducción mundial. Incluso cuando la misma compañía es la responsable del descubrimiento y de la introducción, esos dos criterios de valoración pueden ser diferentes cuando el descubrimiento de un nuevo compuesto lo ha hecho una filial de I+D situada en otro país. Sin embargo, la "compañía madre" continuaría desempeñando normalmente un papel de respaldo en el desarrollo del compuesto. En el presente análisis, la región del descubrimiento es el principal centro de interés, y la región de la sede principal de la empresa constituye un punto de comparación útil.

Resultados

En la Figura 5-2 se presenta un resumen de nuestras observaciones relativas a las 380 introducciones de medicamentos clasificados como productos primeros de su clase, biotecnológicos, globales o huérfanos, para todo el periodo de 1982 a 2003. La Figura 5-2 muestra que, según lo indicado por la región del inventor de la NEQ, los Estados Unidos son el origen del 52% de estas introducciones mundiales, en Europa se origina el 38%, y en Japón un 9%. Cuando la clasificación se basa en la región de la sede principal de la

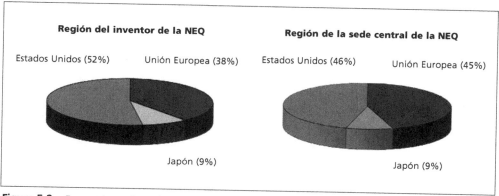

Figura 5-2. Porcentajes conjunto de NEQ primeras de su clase, biotecnológicas, globales y huérfanas, por regiones. *Fuente: análisis propio del autor.*

empresa, las compañías que tienen su sede en Estados Unidos realizaron el 46% de estas introducciones, en comparación con el 45% procedente de las empresas europeas y el 9% de las japonesas.

En la Tabla 5-2 se presenta la información desagregada para cada categoría y subperiodo. Los porcentajes correspondientes a los Estados Unidos determinados para la región del invento son mayores que las derivadas de la región de la sede de la empresa para las cuatro categorías de nuevas introducciones evaluadas. Por ejemplo, se si valora la participación de las empresas de Estados Unidos, Europa y Japón en el descubrimiento de medicamentos primeros de su clase, los Estados Unidos suponen poco más de un 50% de esas introducciones en el periodo 1982-1992, y esto aumenta al 58,3% en el periodo 1993-2003. Estos valores pueden compararse con la cuota porcentual de Europa situadas por encima del 30% en esos dos periodos, y las de Japón que son del orden del 5%-10%. Parece claro que los Estados Unidos han sido el país de origen de esos nuevos tratamientos primeros de su clase y que el predominio de este país ha ido aumentando a lo largo del tiempo.

La situación es más notable aún para los productos de biotecnología, tal como se muestra en la Tabla 5-2. Concretamente, para las introducciones del periodo 1993-2003, los Estados Unidos fueron el país de origen de tres cuartas partes de ellas. Esto puede compararse con los porcentajes de introducciones originadas en Europa del 15,9% y en Japón del 8,7% durante ese periodo. Mi análisis para esta categoría es confirmado por un reciente estudio de la OCDE en el que se examinó el país en donde se había producido el desarrollo inicial de 138 bioterapias aprobadas que se introdujeron entre enero de 1989 y enero de 2000. Los datos de la OCDE indican que los laboratorios situados en Estados Unidos fueron los responsables del desarrollo inicial del 73,5% de las bioterapias, en comparación con el 18,1% de Europa y el 8,4% de Japón[19]. Estos valores fueron muy similares a los que nosotros obtuvimos con el empleo de la información de las patentes para determinar la región geográfica del descubrimiento en el periodo 1993-2003 como se indica en la Tabla 5-2.

Por lo que respecta a la tercera categoría de introducciones de medicamentos de la Tabla 5-2, los compuestos huérfanos, se observa también un patrón similar. Cuando las

Tabla 5-2. Porcentajes de NEQ primeras de su clase, biotecnológicas, globales y huérfanas según la región 1982-1992 y 1993-2003

Tipo de NEQ	Región del inventor de la NEQ (%)			Región de la sede central de la empresa (%)		
	EEUU	UE	Japón	EEUU	UE	Japón
Primeros en su clase						
1982-1992	50,9	37,7	11,3	46,2	44,2	9,6
1993-2003	56,7	38,3	5,0	49,2	45,9	4,9
Medicamentos de biotecnología						
1982-1992	66,7	16,7	16,7	45,0	30,0	25,0
1993-2003	75,4	15,9	8,7	53,6	33,3	13,0
Medicamentos huérfanos						
1982-1992	55,0	40,0	5,0	50,0	45,0	5,0
1993-2003	62,9	33,3	3,9	54,0	42,0	4,0
Medicamentos globales						
1982-1992	43,5	49,6	7,0	43,5	51,8	4,6
1993-2003	48,2	41,9	9,9	36,9	57,3	5,8

Fuente: análisis propio del autor.

introducciones de fármacos huérfanos se clasifican según la región geográfica de origen, los Estados Unidos suponen más del 60% del total de medicamentos huérfanos del periodo 1993-2003 en comparación con el 33,3% de Europa y el 39% de Japón. La mayor parte de los medicamentos huérfanos se concentran en ese periodo. Este intenso liderazgo de los Estados Unidos refleja las iniciativas de la política de este país en este campo. No solo fue el primer país que aprobó una legislación sobre medicamentos huérfanos, sino que tiene también unas reducciones de impuestos y otros incentivos más generosos[20].

En el caso de los medicamentos globales, Europa fue el origen del descubrimiento de más fármacos de este tipo que Estados Unidos en el periodo 1982-1992 (49,6% frente a 43,5%). Sin embargo, este patrón se invirtió en el periodo 1993-2003, en el que los Estados Unidos descubrieron más medicamentos globales que Europa (48,2% frente a 41,9%). Es interesante señalar que las empresas con la sede ubicada en Europa fueron los primeros introductores de la mayoría de productos globales en ambos periodos. En el periodo 1993-2003, por ejemplo, las empresas con sede central en Europa introdujeron el 57,3% del total de medicamentos globales a pesar de que solamente un 41,9% se descubrieron en Europa. En cambio, las empresas con sede central en los Estados Unidos introdujeron el 36,9% de estos medicamentos globales, pero el área geográfica de este país originó el 48,9% de los descubrimientos en ese periodo.

Según se ha indicado, las cuotas basadas en la localización de la sede central de la compañía que introduce el medicamento se interpretan mejor como indicadores del apoyo al desarrollo en los casos en los que el descubrimiento y el desarrollo se producen en organizaciones o localizaciones diferentes. Desde este punto de vista, las empresas de Estados Unidos aparecen también como los principales desarrolladores e introductores de nuevos productos, pero las diferencias no son tan grandes como las que se observan al basarse en la región geográfica del descubrimiento. La diferencia entre las empresas estadounidenses y las europeas en cuanto al desarrollo de medicamentos primeros de su clase es de tan solo unos pocos puntos porcentuales, mientras que las empresas europeas lideran el desarrollo de los medicamentos globales (aunque no en el área del descubrimiento como se ha comentado antes). El liderazgo de las empresas con sede central en Estados Unidos es especialmente pronunciado como primeros introductores de medicamentos biotecnológicos y huérfanos.

Estos patrones concuerdan con varias tendencias que se han descrito en la literatura sobre este sector industrial. Concretamente, muchas empresas europeas centraron su aumento de I+D en los Estados Unidos, tanto en sus propios laboratorios como en colaboración con empresas dedicadas a la fase de desarrollo de Estados Unidos. Esto se refleja en las diferencias entre los resultados medidos en función de la localización del descubrimiento y los medidos en función de la ubicación de la sede central de la primera empresa que introduce el medicamento. Por ejemplo, de los 17,5 medicamentos globales introducidos por primera vez por Hoffman LaRoche, solamente 6 se descubrieron en Europa mientras que 9,5 se originaron en los Estados Unidos y 2 en Japón. Algunos de estos fármacos descubiertos en Estados Unidos fueron originados por su socio estadounidense Genentech, mientras que otros fueron descubiertos en sus propios laboratorios de Estados Unidos, situados en New Jersey y California[21]. Otro ejemplo es el de Glaxo-Wellcome que se convirtió en la industria líder en las introducciones de nuevos productos indicados para el sida basándose en los programas de investigación de medicamentos antivirales ubicados en los Estados Unidos[22]. Sin embargo, todas estas introducciones se asignarían a Europa en las clasificaciones basadas en la localización de sus sedes principales europeas.

Nuestros resultados sobre la importancia de los Estados Unidos como país de origen de los nuevos productos farmacéuticos y de bioterapia son confirmados también por una clase mucho más amplia de inventos. Gambardella y colaboradores examinaron la localización de los inventos de todas las patentes europeas solicitadas entre 1978 y 1997. En la década más reciente incluida en su trabajo, la de 1988-1997, los Estados Unidos fueron el origen de un porcentaje de patentes superior al europeo tanto para productos farmacéuticos como de bioterapia, en comparación con el conjunto de todos los países europeos, y la cuota de Estados Unidos aumentó a lo largo del tiempo. Ese mismo informe aporta un análisis de los acuerdos de licencia en I+D, que muestra que los Estados Unidos son el principal origen de acuerdos de licencia en Europa, con unos porcentajes que superan a los de Europa y Japón de entre estas tres regiones[23].

Productividad de I+D en las distintas regiones

En el artículo posterior de desarrollo del estudio de G&W en *Health Affairs* en 2009, Donald Light utilizó nuestros datos sobre introducciones de fármacos internacionales para presentar una perspectiva diferente sobre el resultado de innovación en las industrias nacionales[24]. Concretamente, este autor se centra en la productividad de I+D de las empresas de Europa, Estados Unidos y Japón. Afirma que, por lo que respecta a las introducciones de nuevos medicamentos por dólar invertido en I+D, la industria europea va por delante de la de Estados Unidos. Sin embargo, su análisis tiene varios problemas conceptuales y empíricos.

Problemas conceptuales y de medición

La medida de productividad de la I+D de Light para Estados Unidos, Europa y Japón confunde dos conceptos diferentes de nacionalidad. El numerador se basa en la nacionalidad de la compañía (el número de nuevos medicamentos correspondientes a compañías con sede central en un determinado país o región). El denominador es específico del área (la I+D realizada en un determinado país o región por todas las empresas nacionales y extranjeras que operan en esa área geográfica). Si las empresas con sede central en Europa obtienen un mayor porcentaje de introducciones basadas en descubrimientos originados en los Estados Unidos, en comparación con lo que obtienen de Europa las compañías con sede central en Estados Unidos, el método de Light dará lugar a una infravaloración de la productividad de I+D de los Estados Unidos, en comparación con Europa. Nuestros resultados basados en datos de patentes indican que efectivamente es así.

Si se tiene en cuenta el número de medicamentos descubiertos o desarrollados en una región, dividido por los aportes de I+D con la diferencia de tiempo adecuada, se obtendrá una medida de la productividad de la I+D más consistente que la medida de Light que mezcla diferentes conceptos nacionales. Sin embargo, en el mejor de los casos, las medidas de la productividad de la I+D según la nacionalidad pueden sugerir y no determinar, ya que no disponemos de series de datos que correlacionen con precisión los valores del numerador con los del denominador. Todas las medidas de valoración están moduladas necesariamente por el hecho de que algunos de los gastos relevantes de I+D no se incluyen en los datos disponibles de la industria (por ejemplo, la I+D financiada por capitales privados). Además, el desarrollo de I+D abarca a menudo múltiples países y, con los datos existentes, no es posible determinar las cantidades gastadas en cada país a lo largo del ciclo de I+D para la introducción de cada fármaco. Teniendo en cuenta estas modulaciones, continúa siendo instructivo valorar la solidez de los resultados de Light en comparación con otras formulaciones más plausibles de la productividad de la I+D.

Patrones de financiación de la I+D por regiones

Un segundo problema asociado al análisis de la productividad de la I+D de Light es que utiliza una estructura de diferencias de tiempo inadecuado para los gastos de I+D. Concretamente, Light divide las introducciones de medicamentos del periodo 1982-1992 para cada región de países por los gastos de I+D realizados en el año 1990. De igual modo, divide las introducciones de medicamentos del periodo de 1993 a 2003 por los gastos de I+D realizados en 2000.

Una observación clave en numerosos estudios de I+D es que el proceso de I+D en los productos farmacéuticos es largo y generalmente abarca una década o más. Concretamente, DiMasi y cols. observaron un periodo medio de doce años desde la síntesis hasta la autorización para un nuevo medicamento en los Estados Unidos[25]. Además, más de la mitad de los gastos dedicados a I+D (incluidos los de los fracasos) para el descubrimiento y desarrollo de un nuevo fármaco se producen antes del sexto año de este proceso. A la vista de estos hechos, el periodo de I+D para las introducciones de medicamentos de 1982 a 1992 incluiría normalmente el periodo de 1971-1991 con una mediana correspondiente al año 1981. De igual modo, el proceso de I+D para las introducciones de medicamentos de 1993 a 2003 abarca el periodo de 1982 a 2002, con una mediana correspondiente al año 1992.

El uso de los gastos de I+D del final de cada periodo no sólo es inadecuado teniendo en cuenta el proceso de I+D prolongado de los productos farmacéuticos, sino también que introduce otros problemas asociados a las fluctuaciones de los tipos de interés. Concretamente, los tipos de interés del dólar estadounidense respecto al euro fueron excepcionalmente elevados en el año 2000. En el análisis de Light, el tipo de interés fue de 1,27 por euro en 1990, en comparación con el de 0,92 dólares por euro en 2000[26]. Las diferencias entre los tipos de cambio de 1990 y 2000 explican aproximadamente la mitad del aumento del porcentaje de gastos de I+D de los Estados Unidos durante los periodos utilizados en los cálculos de Light. Así pues, los valores de productividad de Estados Unidos están reducidos por este motivo en el análisis de Light del periodo 1993-2003 como resultado de estas fluctuaciones de los tipos de interés.

Utilizando la información de los estudios del coste de I+D para construir una estructura adecuada del retraso temporal, yo utilizo un periodo de tres años para los porcentajes de I+D regionales, centrado en el año 1981 para las introducciones de medicamentos de 1982-1992, y centrado en 1992 para el conjunto de introducciones de medicamentos de 1993-2003[27]. La elección de estos años para el intervalo de tiempo entre la I+D y las NEQ modera también de manera efectiva las fluctuaciones del tipo de cambio que afectan al análisis de Light. Concretamente, los tipos de interés de estos dos periodos son aproximadamente comparables y más característicos del periodo global englobado por la serie completa de I+D[28].

En la Figura 5-3 se muestra el desglose porcentual de los gastos de I+D para Estados Unidos, Europa y Japón para los periodos relevantes. Europa fue la región con la mayor participación en la I+D en los dos periodos del estudio. Su cuota es del 50,9% en el periodo 1980-1982, y del 44,8% en el periodo 1991-1993[29]. En consecuencia, los Estados Unidos presentaron un aumento modesto de sus porcentajes de I+D a lo largo de los dos periodos (33,1% a 35,7%) al igual que ocurrió en Japón (16,1% a 19,5%). En cambio, en

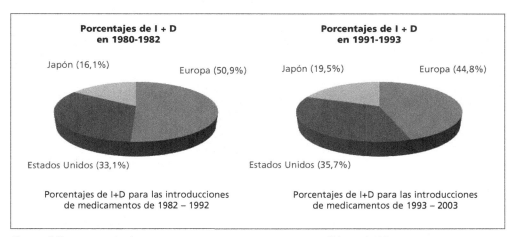

Figura 5-3. Porcentajes de I+D en 1980-1982 y 1991-1993. *Fuente: análisis propio del autor.*

el análisis de Light, el porcentaje de Estados Unidos aumenta del 33,3% en 1990 al 47,8% en 2000. Sin embargo, según se ha indicado, al utilizar estos años para calcular los porcentajes de I+D para su análisis de la productividad, este autor no tiene en cuenta adecuadamente el intervalo de tiempo prolongado que transcurre entre las aportaciones y los resultados de la I+D, y los porcentajes de I+D se ven también intensamente influidos por el hecho de que el dólar de Estados Unidos fuera muy fuerte en el año 2000.

Ratios de proporcionalidad

La medida de la productividad de I+D de una región puede expresarse como ratio de proporcionalidad. Concretamente, con este enfoque, los porcentajes obtenidos en las medidas de los resultados para los Estados Unidos, Europa y Japón se dividen por los correspondientes porcentajes de I+D para cada sub-periodo. Una ratio de proporcionalidad superior a uno implica que el porcentaje del resultado de una región supera a su porcentaje de I+D, lo cual es una medida relativa del rendimiento innovador de esa región.

La Figura 5-4 presenta las ratios de proporcionalidad para el periodo 1993-2003. Estos valores se obtienen dividiendo el porcentaje de los descubrimientos para las diferentes categorías de introducción de medicamentos que proceden de Estados Unidos, Europa y Japón (indicados en la Figura 5-3) por los porcentajes de financiación de la I+D aplicando un retraso temporal (que se indican en la Figura 5-4). Tal como se aprecia en

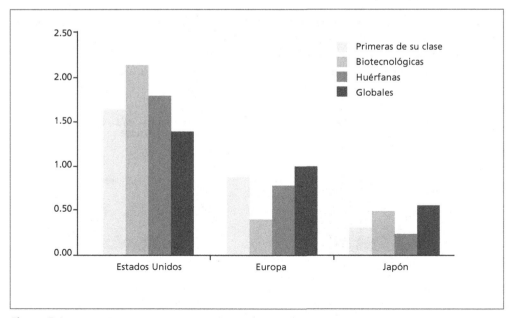

Figura 5-4. Ratios de proporcionalidad basadas en la región del inventor de la NEQ 1993-2003. *Fuente: análisis propio del autor.*

la figura, los Estados Unidos tienen unas ratios de proporcionalidad superiores a 1,0 en todas las categorías (con valores que van de 1,35 a 2,11), mientras que en Europa las ratios fueron inferiores a uno (0,36 a 0,94) y Japón fue la región con un peor rendimiento para estas categorías de nuevos fármacos (con valores de entre 0,20 y 0,51). Este patrón se repite generalmente en las cuatro clases consideradas, para el periodo de 1982-1992. Los resultados se presentan en la Tabla 5-3. De hecho, las ratios de proporcionalidad para los Estados Unidos basados en la región del descubrimiento aumentaron entre el primero y el segundo periodos para las cuatro categorías de introducción de fármacos, y fueron siempre sustancialmente superiores a 1,0, mientras que las de Europa y Japón fueron muy inferiores.

La Tabla 5-3 indica también que, aun cuando se utilice una medida del resultado basada en la localización de la sede central correspondiente a la región que introduce en primer lugar un nuevo producto, los Estados Unidos tienen unas ratios de proporcionalidad superiores a 1,0. En cambio, las ratios de Europa son generalmente más bajas e inferiores al valor de 1,0. La única excepción es la de los medicamentos globales, para los cuales la ratio de Europa aumentó bruscamente en el periodo 1993-2003 coincidiendo con la tendencia a una mayor actividad de licenciación, y la inversión en I+D en Estados Unidos, como se ha comentado antes.

Las ratios de proporcionalidad basadas en la localización de la sede central de las compañías dan una imagen diferente de la nacionalidad. Son un indicador más selectivo del apoyo al desarrollo farmacológico y la propiedad más que del descubrimiento de fármacos. En cualquier caso, contradicen los resultados de Light. Este autor concluye que la productividad en Europa fue superior a la de Estados Unidos en cuanto a medicamentos primeros de su clase y globales en 1992-2003, y que se estaba aproximando a ella para los

Tabla 5-3. Ratios de proporcionalidad basadas en la región del inventor de la NEQ y en la región de la sede central de la empresa 1982-1992 y 1993-2003

Tipo de NEQ	Región del inventor de la NEQ (%)			Región de la sede central de la empresa (%)		
	EEUU	UE	Japón	EEUU	UE	Japón
Primeros en su clase						
1982-1992	1,54	0,74	0,71	1,40	0,87	0,60
1993-2003	1,59	0,86	0,26	1,38	1,02	0,25
Medicamentos de biotecnología						
1982-1992	2,02	0,33	1,03	1,36	0,59	1,55
1993-2003	2,11	0,36	0,45	1,50	0,74	0,67
Medicamentos huérfanos						
1982-1992	1,66	0,79	0,31	1,51	0,88	0,31
1993-2003	1,76	0,74	0,20	1,51	0,94	0,21
Medicamentos globales						
1982-1992	1,31	0,97	0,43	1,31	1,02	0,29
1993-2003	1,35	0,94	0,51	1,03	1,28	0,30

Fuente: análisis propio del autor.

compuestos biotecnológicos y huérfanos. Sin embargo, esta conclusión se basó en una estructura de retraso temporal poco plausible entre la I+D y las introducciones de medicamentos. Cuando se utiliza una estructura de retraso temporal más apropiada para calcular estas medidas, el resultado de que Europa tiene una mayor productividad de la investigación y que está aumentando en estas categorías de nuevos medicamentos innovadores no es respaldado por los datos[30].

Como se ha señalado antes, todos los análisis de productividad de I+D deben modularse teniendo en cuenta el hecho de que los datos actualmente disponibles no permiten equiparar exactamente los resultados del numerador con los gastos de I+D apropiados en el denominador para regiones geográficas específicas. No obstante, tras introducir unas correcciones razonables al análisis de productividad de Light, mi conclusión es que sus resultados no son sólidos. No respaldan la conclusión que plantea de que Europa ha experimentado una mayor productividad en cuanto a las categorías de NEQ orientadas a la calidad.

Conclusiones y consideraciones políticas

Uno de los nuevos resultados clave del presente análisis es que cuando se valoran grupos de nuevos medicamentos, como los de primeros de su clase, biotecnológicos, globales y huérfanos según el país del descubrimiento, utilizando los datos de los inventos patentados, los Estados Unidos son el líder mundial en el descubrimiento de estos compuestos innovadores. Hay un flujo neto de actividad de invención que va de los laboratorios de I+D de Estados Unidos hacia el resto del mundo. Esta observación concuerda con lo indicado por otros análisis comparativos internacionales recientes patrocinados por la OCDE y la Unión Europea[31].

El liderazgo de los Estados Unidos en el proceso de innovación, que ha aumentado a lo largo del tiempo, refleja los avances tanto del lado de la oferta como el de la demanda. Desde comienzos de los años ochenta, la política industrial de Estados Unidos ha impulsado el desarrollo de muchas nuevas empresas orientadas a los nuevos descubrimientos en el ámbito de las ciencias de la vida, a través del apoyo público a la investigación biomédica básica, unos procesos de transferencia de la tecnología favorable y unos mercados de capitales privados y públicos que lo han apoyado decididamente. Aunque las instituciones de Estados Unidos que fomentan estas entidades dedicadas a las ciencias de la vida se han desarrollado más que en otros lugares, los demás países están acortando distancias, como se ha observado en estudios previos[32].

Por el lado de la demanda, el desplazamiento hacia introducciones de medicamentos más novedosas en los Estados Unidos se ha visto impulsado por el crecimiento de los planes de asistencia gestionada y las empresas de gestión de los derechos de farmacia. Estos planes utilizan diversos instrumentos (entre los que se encuentran los formularios compartimentados con copagos diferenciales, autorización previa y tratamiento escalonado [*step therapy*]) para gestionar los derechos de farmacia. Los productos innovadores con pocos sustitutos próximos pueden conseguir una prima de precio, pero los fármacos con sustitutos próximos o alternativas genéricas están sujetos a una intensa competencia por precio. Los precios fuera de Estados Unidos están sujetos a una presión competitiva a través de la fijación de precios de referencia y otros planteamientos, pero los productos innovadores obtienen generalmente unos precios inferiores a los que alcanzan en los Estados

Unidos. Es frecuente que los nuevos productos alcancen poco más que los productos más antiguos para indicaciones similares pero con un beneficio terapéutico inferior[33].

Muchos estudios apuntan que los controles del precio en determinados países han impulsado la introducción de fármacos de tipo imitación, dada la baja recompensa que recibe la innovación en comparación con la imitación. Además, los países ofrecen con frecuencia decisiones de precio más favorables a las compañías que investigan en su propio país por lo que respecta a las instalaciones y la I+D. El favoritismo o la protección de las industrias nacionales favorece una industria más orientada a la imitación. Históricamente, Japón, Francia e Italia han sido casos destacados en los que se ha dado esta situación[34]. Algunas empresas acaban mirando más allá del mercado nacional y producen productos innovadores que aprovechan las oportunidades globales existentes, pero pueden mantener su enfoque de imitación debido a la regulación del precio y el proteccionismo. Esto ayuda a explicar la forma en la que los patrones de mal rendimiento en las diversas industrias nacionales pueden persistir a lo largo del tiempo y sufrir tan solo una lenta erosión incluso en una industria de orientación global, como la farmacéutica.

Algunos observadores como Donald Light señalan que los controles de precio en el mercado de Estados Unidos, tan como se utilizan ampliamente en toda Europa, no afectarían a la disponibilidad de introducciones de nuevos fármacos útiles producidos en un ámbito global. Sus valoraciones de la productividad de I+D tienen problemas empíricos y conceptuales, y no respaldan este planteamiento. Y lo que es más importante, numerosos estudios indican que si se reducen las recompensas a la innovación de manera significativa en el mayor mercado mundial, la inversión en I+D se verá afectada[35]. Esto ocurrirá no sólo para las empresas de Estados Unidos sino también para las de otros países que tienen previsto comercializar sus medicamentos en ese país. El proceso de I+D es largo, costoso e incierto, y una reducción de los gastos de I+D afectará tanto a la calidad como a la cantidad de introducciones de nuevos fármacos a escala global. Las empresas de inicio de proyectos y las compañías de I+D de desarrollo con proyectos de I+D arriesgados en un estadio inicial serán probablemente las que sufran mayores efectos adversos de estos controles de precios. Estas empresas tienen una localización desproporcionadamente alta en los Estados Unidos. La recomendación de Light de un mayor uso de los análisis comparativos de efectividad y coste-beneficio es un objetivo de interés, pero hay más ventajas en la aplicación de un sistema basado en el mercado, aislado de las consideraciones políticas y de las aplicaciones burocráticas.

En las políticas públicas orientadas a la innovación biofarmacéutica intervienen muchas partes, como el apoyo a la investigación básica y las transferencias tecnológicas, las disposiciones de protección de la propiedad intelectual, la regulación de la seguridad y eficacia del producto y los reembolsos de precios de las medicinas autorizadas[36]. Ningún país ha afirmado disponer de políticas óptimas para todas estas dimensiones, y estas políticas son objeto de considerables cambios legislativos y de regulación a lo largo del tiempo. La prohibición implantada en los Estados Unidos de la investigación con células madre con financiación federal es un ejemplo de cómo las acciones políticas pueden influir negativamente en el rendimiento innovador de una región y en la localización de los descubrimientos de nuevos medicamentos[37]. De todos modos, nuestro análisis sobre el lugar en el que se han originado los descubrimientos de nuevos medicamentos desde comienzos de los años ochenta indica que, en conjunto, los Estados Unidos han mantenido el entorno más positivo para estimular la innovación biofarmacéutica.

BIBLIOGRAFÍA

1. H. Grabowski and Y.R. Wang. "The Quantity and Quality of Worldwide New Drug Introductions, 1982-2003," *Health Affairs* 25(2), (2006): 452-460

2. P. Danzon, S. Nicholson, and N. S. Periera. "Productivity in pharmaceutical-biotechnology R&D: The role of experience and alliances," *Journal of Health Economics* 24 No. 2 (2005): 317-339; A. Arora, A. Fosfuri and A. Gambardella. *Markets for Technology: The economies of innovation and corporate strategy* (Cambridge, MA: MIT Press, 2001).

3. D. W. Light. "Global Drug Discovery: Europe is Ahead," *Health Affairs* 28(5) (2009): W969-977.

4. National Academy of Engineering, *The Competitive Status of the U.S. Pharmaceutical Industry*, Washington, DC: National Academy Press, 1983.

5. H. Grabowski, "An Analysis of U.S. International Competitiveness in Pharmaceuticals," *Managerial and Decision Economics* 10(1), 1989: 27-33; L. G. Thomas, "Implicit Industrial Policy: The Triumph of Britain and the Failure of France in Global Pharmaceuticals," *Industrial and Corporate Change* 3(2), 1984:451-489; L. G. Thomas, III, *The Japanese Pharmaceutical Industry*, Cheltenham, U.K.: Edgar Elgar, 2001.

6. Light "Global Drug Discovery," op. cit.

7. Concretamente, el 57% de los medicamentos primeros de su clase fueron considerados avances importantes. Esta cifra puede compararse con el 40% del total de NEQ que recibieron esa clasificación. H. Grabowski and Y. Richard Wang, "The Quantity and Quality of Worldwide New Drug Introductions 1992 - 2003", *Health Affairs*, vol. 25 no. 2 (2006), p. 459.

8. E. R. Berndt, I. M. Cockburn and K. A. Grenpin. "The Impact of Incremental Innovation in Biopharmaceuticals," *PharmcoEconomics* 22 Supp. 4 (2006): 69-86.

9. La investigación de DiMasi y colaboradores indica que el tiempo transcurrido entre la introducción del primer fármaco de una nueva clase y los productos que son segundos de su clase ha disminuido de forma constante a lo largo del tiempo, con lo que es habitual que los nuevos enfoques terapéuticos comporten una introducción rápida de tratamientos alternativos dentro de una misma clase. J. A. DiMasi and C. Paquette. "The Economics of Follow-on Drug Research and Development: Trends in Entry Rates and Timing of Development," *PharmcoEconomics* 22 Supp. 2 (2004): 1-14. J. A. DiMasi and L. B. Faden. "Follow-on Drug R&D: New Data on Trends in Entry Rates and the Timing of Development," Tufts University Center for the Study of Drug Development, unpublished manuscript, 2009.

10. Desde los años noventa del pasado siglo, las tasas de mortalidad por sida en Estados Unidos se redujeron en alrededor de un 70% tras la aparición de los nuevos regímenes de tratamiento. Véase, por ejemplo, CASCADE Collection "Determinants of Survival Following HIV-1 seroconversion after Introduction of HAART" *The Lancet* vol. 362, (2003); pp. 1267-1274..

11. Concretamente, empezamos con los códigos ATC de todos estos medicamentos comercializados fuera de los Estados Unidos para ver si a esos fármacos se les asignaba un nuevo código de clase. Esta información puede obtenerse en la OMS a través del *WHO Collaborating Centre for Drug Statistics Methodology* (http://www.whocc.no/) y utilizamos también fuentes de datos complementarias de Internet y los códigos USC para cualquiera de estos fármacos que se hubiera comercializado en los Estados Unidos después de 2003.

12. Este producto fue telitromicina (Ketek), que forma parte de la clase de los cetólidos, que se introdujo por primera vez a nivel mundial en octubre de 2001 y posteriormente en los Estados Unidos en abril 2004.

13. Bevacizumab (Avastin) fue autorizado por primera vez en febrero de 2004 poco después del final del periodo de muestra de nuestro análisis en diciembre de 2003. Puede consultarse una descripción del prolongado proceso de desarrollo de bevacizumab que fue aislado por primera vez en 1989 por los científicos de Genentech, en H. Grabowski, "Follow-on biologics: data exclusivity and the balance between innovation and competition, *Nature Reviews Drug Discovery*, vol. 7 no. 6 (June, 2008), pp. 479-488.

14. http://www.fda.gov/ForIndustry/DevelopingProductsforRareDiseasesConditions/default.htm Tufts Center for the Study of Drug Development, "FDA's Fast Track Program Results in 62% Approval Rate after First 3 Years," Impact Report, 3, No. 1 (Jan'Feb 2001).

15. Obtuvimos una lista de medicamentos huérfanos autorizados que se introdujeron en Japón desde

la aprobación de la legislación de 1993 proporcionada por *Pacific Bridge Medical*. Para mayor información sobre esta publicación "Orphan Drugs in Asia 2009," véase su página web. http://www.pacificbridgemedical.com/ Puede consultarse una lista de los medicamentos autorizados que se clasifican como huérfanos en Europa en la página web de la EMEA http://www.emea.europa.eu/pdfs/human/comp/56357508en.pdf Los dos medicamentos huérfanos adicionales asignados a Japón fueron mecasermina en 1994 y taltirelina en 2000, y el de Europa fue migulast en 2003.

16. H. Grabowski and Y. Richard Wang, "The Quantity and Quality of Worldwide New Drug Introductions 1992 - 2003," *Health Affairs*, vol. 25 no. 2 (2006), p. 455.

17. Además, hubo cinco introducciones originadas fuera de los Estados Unidos, Europa o Japón en al menos una de estas cuatro categorías, que no se incluyen puesto que me centro en las tres regiones que dominan la innovación de I+D farmacéutica.

18. Tras utilizar toda la información disponible de los registros de datos de patentes y de las bases de datos de IMS y *Pharma Projects* sobre el país de descubrimiento, obtuvimos información sobre el innovador para seis introducciones a partir de otras fuentes de Internet. En los casos en los que los inventores estaban situados en más de una región geográfica, elegimos la región en la que se encontraban la mayoría de los inventores.

19. OECD Biotechnology Statistics 2009 (http://www.oecd.org/dataoecd/4/23/42833898.pdf), p. 85. En este análisis se utilizó la base de datos de medicamentos *Pharma Projects* para determinar la localización geográfica del desarrollo inicial.

20. Véase un comentario sobre las diferencias en la legislación sobre medicamentos huérfanos en Estados Unidos, Japón y Europa en H. Kettler, "Narrowing the Gap between Provision and Need for Medicines in Developing Countries" (London: Office of Health Economics, 2000) 40-43.

21. Como ejemplos de productos de biotecnología descubiertos por el socio estadounidense, Genentech e introducidos en todo el mundo por Roche cabe citar rituximab y trastuzumab. Los productos originados en sus laboratorios de I+D de Estados Unidos situados en Nutley, NY y Palo Alto CA incluyen valganciclovir y micofenolato mofetil.

22. R. Landau, B. Achiladelis and A. Scriabine, *Pharmaceutical Innovation: Revolutionizing human health* (Philadelphia, PA: Chemical Heritage Foundation, 1999) p. 352-356; La Dra. Gertrude Elion y George Hitchings, que trabajaban en los laboratorios del *Research Triangle Park* de Burroughs Wellcome de North Carolina, recibieron el Premio Nobel de Medicina de 1988 junto con James Black por "principios importantes del desarrollo de fármacos". Según el Comité del Nobel, su investigación permitió la creación de varios nuevos fármacos importantes, incluidos los antivirales utilizados para el herpes y el sida. Burroughs and Wellcome, conjuntamente con los NIH, desarrollaron el primer fármaco para el sida, zidovudina (AZT) Este fármaco fue sintetizado inicialmente como medicación anticancerosa en los años sesenta por científicos de la *Wayne State University*, pero resultó ineficaz para este fin. Partiendo del descubrimiento de AZT como tratamiento para el sida, los científicos del grupo de investigación antiviral de Burroughs Wellcome obtuvieron una patente de la Oficina de Patentes de Estados Unidos en 1985. Judy Forman, "3 Share Nobel Price for Medicine," *Boston Globe*, Tuesday, October 18, 2008, p. 1; H. Grabowski, "Are the Economics of Pharmaceutical :R&D Changing? Productivity, Patents and Political Pressures," *PharmacoEconomics* 22, suppl. 2 (2004); 15-24.

23. A. Gambardella, L. Orsenigo and F. Pammoli. "Global Competitiveness in Pharmaceuticals: A European Perspective," (Luxembourg: Officer for Official Publication of the European Communities, 2001) pg. 31, 51. Para el periodo de 1988-1997, los Estados Unidos fueron el país en el que se realizó el descubrimiento del 44,9% de las patentes farmacéuticas europeas y el 46,8% de las patentes de biotecnología, en comparación con el 39,8% y 34,2% respectivamente originadas en los países europeos (Tabla 16, p. 38).

24. Light "Global Drug Discovery," op. cit.

25. J. DiMasi, R. Hansen and H. Grabowski. "The Price of Innovation: New Estimates of Drug Development Costs," *Journal of Health Economics* 22(2) (2003): 151-185.

26. Federal Reserve's Statistical Rates http://www.federalreserve.gov/releases/h10/hist/default.htm

27. Las series de datos sobre gastos anuales de I+D recopiladas por la EFPIA, la *European Federation of Pharmaceutical Industries and Associations* a partir de 1980 pueden consultarse en el *PAREXEL'S Bio/Pharmaceutical R&D Statistical Sourcebook 2007/2008*, p. 283. Puede accederse a información

sobre los gastos de I+D en los Estados Unidos en *PhRMA Annual Survey 2007* (Washington, DC: Pharmaceutical Research and Manufacturers of America: 2007). También puede consultarse en *PAREXELS Sourcebook*, página 4. Puede obtenerse información sobre los gastos de I+D realizados en Japón en las ediciones de distintos años de los *Japan Pharmaceutical Manufacturers' Association (JPMA) Data Books*.

28. Los tipos de interés anuales para el dólar estadounidense respecto al euro en el periodo 1980-1982 oscilaron entre 0,98 y 1,39, con una media de 1,6 durante los tres años. Esto puede compararse con un rango del tipo de interés anual de 1,17 a 1,30 para el periodo 1991-1993 con una media en los tres años de 1,23.

29. Con objeto de verificar nuestro enfoque, constituimos también una estructura modelo de retraso temporal variable para las introducciones de medicamentos de 1993-2003, utilizando todos los datos de gasto en I+D según el origen para los años 1982-2002. Este enfoque combina las ponderaciones adecuadas basadas en el estudio de costes de DiMasi para este intervalo de 11 años de introducciones de medicamentos, con los tipos de cambio anuales del periodo 1982 a 2002. Los porcentajes de cuota de I+D no se ven afectados de una forma importante para las introducciones de medicamentos de 1993-2003 si se utiliza la media de tres años centrada en 1992 o se emplea en su lugar una estructura de retraso temporal variable que cubre todo el periodo de 1981 a 2002. Concretamente, para las introducciones de medicamentos de 1993 a 2003, el modelo de retraso temporal variable ponderado produce unos porcentajes del 44,4% para Europa, 37,3% para los Estados Unidos y 18,3% para Japón.

30. He analizado también las ratios de proporcionalidad para la totalidad de las 919 introducciones de medicamentos utilizando para el numerador el número de introducciones del país al que corresponde la sede central. Estos datos indican que las empresas con sede central en Estados Unidos, Europa y Japón tuvieron unos porcentajes del total de introducciones de medicamentos aproximadamente proporcional a la inversión total en I+D realizada por todas las empresas de sus correspondientes regiones durante el periodo 1993-2003. No he realizado un análisis basado en la región de descubrimiento para la totalidad de las 919 introducciones de medicamentos mundiales utilizando las bases de datos de patentes. Esto sería una tarea ambiciosa, dado que muchos de estos fármacos se introdujeron en tan solo uno o dos países, y es probable que las bases de datos de patentes sean incompletas, sobre todo al considerar las introducciones de medicamentos en todo el mundo de periodos anteriores. Sin embargo, hay motivos para prever que cuando se analicen las regiones según la localización del inventor de la NEQ, el patrón observado en la Figura 1 para el conjunto de las diversas categorías de medicamentos innovadores se mantendrá para muestras más amplias. Este concepto es respaldado por los resultados que se han comentado antes obtenidos en un amplio universo de datos de patentes y acuerdos de licencia de Europa.

31. A. Gambardella, et. al, "Global Competitiveness," p. 20, 31,

32. H. Grabowski and Y Richard Wang, The Quantity and Quality of Worldwide New Drug Introductions 1992 - 2003, *Health Affairs*, vol. 25 no. 2 (2006), pp. 458-459; F. M. Scherer, *New Prospectives on Economic Growth and Technological Innovation* (Washington: Brookings Institution, 1999).

33. P. Danzon and L. Chao, "Does Regulation Drive Out Competition in the Pharmaceutical Market?" Journal of Law and Economics, 49 No. 2 (2000): 311-357; P. Danzon, *Pharmaceutical Price Regulation: National Policies Versus Global Interests* (Washington: AEI 1997).

34. L.G. Thomas, *The Japanese Pharmaceutical Industry* (Chetenham, England: Edgar Elgar, 2001); L. G. Thomas, "Implicit Industrial Policy: The Triumph of Britain and the Failure of France in Global Pharmaceuticals," *Industrial and Corporate Change* 3, No. 2. (1994): 451-489.

35. F. M. Scherer, "The Link Between Gross Profitability and Pharmaceutical R&D Spending," *Health Affairs*, 20, No. 5 (2001): 216-220; C. Giaccotto, R. E. Santerre and J. A. Vernon, "Drug Prices and R&D Investment Behavior in the Pharmaceutical Industry," *Journal of Law and Economics* 48 No. 1 (2005); 194-214.

36. F. M. Scherer, "U.S. Industrial Policy" in Adrian Towse, editor, *Industrial Policy and the Pharmaceutical Industry*, (London: Office of Health Economics, 1995).

37. H. Grabowski. Are the Economics of Pharmaceutical R&D Changing? Productivity, Patents and Political Pressures, *PharmcoEconomics* 22, suppl 2 (2004): 15-24.

El uso del pago por resultados para los fármacos: ¿puede mejorar los incentivos para la innovación?

Adrian Towse, Louis Garrison y Ruth Puig-Peiró

Introducción

Recientemente ha habido un aumento del interés por los esquemas que incluyen un "pago por la medicación según resultados" (Pollock, 2007) es decir, el "pago por resultados" en vez del simple "pago por el medicamento". Los pagadores de la asistencia sanitaria, sometidos a una gran presión, quieren saber que obtienen aquello por lo que pagan, es decir, un efecto "sobre la salud y beneficios para los pacientes". Las compañías farmacéuticas no están dispuestas a aceptar unos precios que piensan que no reflejan el valor de innovación, derivado de sus costosas inversiones en I+D, que están aportando a los pacientes, al sistema de asistencia sanitaria y a la economía en sentido más amplio. El pago por los resultados obtenidos es una forma de "cuadratura del círculo". Los pagadores saben que están obteniendo un valor. Las compañías farmacéuticas obtienen un retorno que incentiva las innovaciones futuras.

Y, sin embargo, este enfoque es muy controvertido y no gusta a muchos de los prestadores de asistencia sanitaria, decisores políticos y compañías farmacéuticas. Un esquema concreto de este tipo (el *UK National Health Services* [NHS] *Risk Sharing Scheme*) ha motivado críticas feroces (McCabe y cols. 2010; Raftery, 2010). En este artículo:

- Definimos lo que entendemos por pago por resultados y otros términos relacionados en los debates sobre estos esquemas;
- establecemos un marco de referencia para comprender e interpretar esos esquemas;
- exploramos con ejemplos los tipos y el número de esquemas existentes;
- comentamos los efectos beneficiosos y los puntos débiles;
- consideramos su valor como incentivo para la innovación.

Para ello nos basamos en artículos de los que han sido coautores uno o varios de nosotros (Towse y Garrison, 2010; Carlson y cols., 2010; Puig-Peiró y cols. 2011 de próxima aparición).

¿Qué entendemos por pago por resultados?

Utilizamos la denominación de pago por resultados para hacer referencia a un acuerdo entre un pagador y un fabricante farmacéutico según el cual el nivel de precio y/o los ingresos recibidos están en relación con el rendimiento *futuro* del producto en un entorno de investigación o de práctica clínica real. A grandes rasgos, esto es comparable a la definición de Pouvourville (2006) del "riesgo compartido" como "un contrato entre dos partes que acuerdan realizar una transacción en la que ... una parte tiene la suficiente confianza en sus resultados... como para estar dispuesto a aceptar una recompensa o una penalización en función del rendimiento observado". Consideramos pues estos términos intercambiables y, en este artículo, utilizamos el de pago por resultados.

Otras denominaciones utilizadas en este contexto son las de "reembolso condicional", "cobertura con desarrollo de evidencia" (*coverage with evidence development*, CED) y "acceso con desarrollo de evidencia". Consideramos estos términos intercambiables y utilizamos el de CED. En ello está implícito que se va a obtener cierta información y se va a examinar la situación de reembolso en un momento posterior. Sin embargo, estas disposiciones pueden no especificar (i) qué tipo de evidencia se va a obtener o (ii) cómo se va a cambiar el precio/ingresos y/o el uso en función de lo que indique la evidencia sobre el producto. Puede haber tan solo un acuerdo, aceptación o exigencia de que se produzca algún tipo de revisión tras un cierto periodo de tiempo. Podemos tener después un acuerdo de pago por resultados como subapartado de los acuerdos de CED, en que se especifican por adelantado los puntos (i) y (ii) antes mencionados. Tal vez la mejor forma de resumir los demás sea como "CED con renegociación".

A veces se utiliza también la expresión de "solamente en investigación", generalmente para indicar que no hay evidencia suficiente para aprobar la CED. Esto contrasta con la CED, para la que la mejor forma de interpretarla puede ser la de "solamente *con* investigación." La diferencia está en que, en el primer caso todos los pacientes deben estar en la investigación si se pretende que sean elegibles para el tratamiento. En el otro caso sólo es necesario que se realice la investigación, y no todos los pacientes tienen que participar en ella. Así pues, la mejor manera de interpretar el concepto de solamente en investigación es con un "no". Ello implica habitualmente limitar el acceso a un pequeño subgrupo de la población elegible, a través del reclutamiento para un ensayo clínico controlado y aleatorizado. Naturalmente, en teoría, podría incluir el acceso pleno a la tecnología para todos los pacientes mientras se obtuvieran en ellos los mismos datos (por ejemplo, mediante la inclusión en un registro de pacientes). En este caso, se trata de hecho de una forma de CED. Un ejemplo de esta situación fue la cobertura del *Center for Medicare and Medicaid Services* (CMS) de EEUU de los cardioversores-desfibriladores implantables[i] en la que todos los pacientes debían incorporarse a un registro[ii].

---

[i] Este esquema fue motivo de controversia ya que no se recogieron datos clave y no se dispuso tampoco de financiación para analizar los datos con objeto de volver a analizar la decisión de la cobertura disponiendo de más evidencias.

[ii] En sentido estricto, cabría pensar en acuerdos de pago por resultados en los que cada paciente tuviera que ser seguido, por ejemplo en un esquema de pacientes respondedores, son una forma de "solamente en investigación", pero esto no sería útil. Los esquemas de pago por resultados de tipo respondedor se interpretan como una forma de CED en la que está claro (i) qué tipo de evidencia debe obtenerse y (ii) qué precio/ingresos se va a modificar en función de lo que indique esa evidencia.

También utilizamos los términos de riesgo e incertidumbre de forma intercambiable. A veces se establece una distinción entre ellos en función de que se conozcan o no las *probabilidades* de las variables de valoración. Esto carece de utilidad en este contexto. Los encargados de la toma de decisiones deben hacer ciertos supuestos. El papel de la evidencia y el análisis es hacer que estén mejor informados. Por consiguiente, utilizamos el término incertidumbre para hacer referencia al grado en el que el tomador de la decisión no está seguro de si está tomando o no la decisión correcta, es decir, la que tomaría si dispusiera de una información perfecta sobre todos los aspectos del efecto incremental del fármaco.

En algunas jurisdicciones se utilizan términos que son específicos del sistema concreto. Por ejemplo, el Reino Unido tiene "precios flexibles" (PF) y "Esquemas de Acceso de Pacientes" (*Patient Access Schemes* [PAS]). Ambas cosas son definidas por el *Pharmaceutical Price Regulation Scheme* (PPRS) de 2009. En condiciones de PF las compañías pueden solicitar aumentar el precio si la evidencia lo respalda. Se acuerda que el NICE utilizará sus normas de evidencia normales y el umbral de coste-efectividad empleado anteriormente cuando se acordó inicialmente el uso del fármaco (Towse, 2010). Sin embargo, no se establecen acuerdos más detallados, y no hay ningún requisito para volver a presentar la solicitud. En cambio los PAS son específicos para un acuerdo. Sin embargo, la mayoría son acuerdos "económicos" con los que se pretende proporcionar al NHS del Reino Unido descuentos efectivos respecto al precio de tarifa más que una vinculación con los "resultados". Así pues, el PAS del Reino Unido incluye acuerdos de pago por resultados pero se trata principalmente de tipos de acuerdos de descuento[iii].

Italia tiene *Managed Entry Agreements* (acuerdos de entrada gestionada) con una revisión a los 2 años. En algunos casos tienen una orientación económica y adoptan la forma de un acuerdo de volumen máximo o un límite presupuestario. En otros casos, se pretende dirigir los tratamientos a los pacientes respondedores. La Agencia italiana de medicamentos (AIFA) utiliza los términos de "coste compartido" (en el que hay una reducción del precio para los ciclos de tratamiento iniciales hasta que está claro si el paciente responde o no), "pago por resultados" (en que el fabricante reembolsa al pagador por los no respondedores) y "riesgo compartido" (en que el fabricante solamente reembolsa el 50% de los costes de los no respondedores). En todos estos casos se trata de acuerdos de pago por resultados según nuestros criterios.

Podemos entender, pues, el pago por resultados como un acuerdo que está adquiriendo un interés creciente para los pagadores. Consideraremos ahora si es una forma eficiente de recompensa y de incentivación de la innovación.

Un marco de referencia para comprender e interpretar estos esquemas

Towse y Garrison (2010) plantean que la teoría del "valor de la información" y la "opción real" es la que proporciona un mejor marco de referencia para comprender e

---

iii Un descuento de precio efectivo tiene, naturalmente, un efecto sobre la incertidumbre. No aumenta el conocimiento de los pagadores respecto al resultado esperado pero, para cualquier resultado esperado dado y umbral de disponibilidad a pagar, reduce la probabilidad de que la decisión a adoptar resulte posteriormente errónea.

interpretar los esquemas de pago por resultados. Siguiendo a Eckermann y Willan (2007), afirman que los pagadores tienen tres opciones en su decisión respecto a un nuevo medicamento: pueden acordar incluirlo en la lista de fármacos aceptados para algunas de sus indicaciones autorizadas o para todas ellas, basándose en la evidencia actual sin exigir una mayor investigación; pueden rechazar su inclusión (con lo que dejan a los fabricantes la opción de volver a presentarlo con más evidencia y/o con un precio inferior); o pueden incluirlo bajo la condición de obtener evidencia adicional (básicamente se trata de un "sí pero"). El pago por resultados puede interpretarse como algo análogo a una forma de "garantía de devolución del dinero" en un producto de consumo. En el caso de que el producto no dé resultado, el comprador puede recuperar parte o la totalidad de su dinero. De hecho, Cook y cols. (2008) han comparado los acuerdos de riesgo compartido para los medicamentos a una garantía. El pagador tiene el derecho de devolver el producto al fabricante. A esto se le llama "opción *put*". Se denomina "opción real" ya que está relacionado con un producto físico y no con una "opción financiera". Ofrecer una "opción *put*" junto con el producto hace más probable que el pagador diga "sí pero" en vez de "no". El valor de la opción para el pagador depende de la información que se generará durante el periodo en el que puede ejercitarse. Si no se genera más información, el valor puede ser de cero (el pagador no tiene una idea mejor de si, globalmente, es probable que el fármaco valga lo que se ha establecido en el momento de aceptarlo).

La elección entre las tres opciones de decisión del pagador deberá depender del resultado esperado (en función de la evidencia actual) y los costes y beneficios de la obtención de evidencia adicional que reducirán la incertidumbre acerca de la relación coste-efectividad subyacente. Los cálculos del "valor de la información" pueden utilizarse para informar los juicios realizados acerca de los resultados esperados, el grado de incertidumbre acerca de esos resultados y los beneficios probables de la obtención de una evidencia adicional. Si hay una incertidumbre considerable respecto a la probable relación coste-efectividad de un nuevo medicamento en la práctica clínica, puede tener sentido no empezar a utilizarlo sino obtener información adicional para reducir esa incertidumbre. La incertidumbre tiene un coste para los pagadores, ya que hace que haya una posibilidad de que el fármaco no tenga valor y, por tanto, que se esté desperdiciando el dinero y no se gaste en otras intervenciones de salud que aportan beneficios a los pacientes. Cuando hay, además, costes asociados a la reversión de la decisión de usar el fármaco (puede ser incluso imposible cambiar la conducta del prescriptor a no ser que, en una situación extrema, se observe que el fármaco no es seguro y puede retirarse del mercado), el tomar la decisión inicial correcta adquiere mayor importancia para los pagadores. Sin embargo, existe también otra posibilidad, que es que el pagador diga "no", pero que una nueva evidencia adicional ponga de manifiesto que el fármaco tiene realmente valor y que pueden haberse perdido muchos pacientes por no tener acceso al tratamiento durante el periodo en el que el pagador ha rechazado la inclusión del medicamento. La compañía habrá perdido ingresos y el retorno respecto a una innovación de valor para el sistema sanitario se habrá reducido, con lo que disminuirán los futuros incentivos para la innovación.

Así pues, los pagadores tienen que juzgar los probables costes y beneficios del uso tardío de un producto mientras se obtiene una evidencia adicional. Los costes de la obtención de esa evidencia incluyen tanto los costes en los que se incurre como la pérdida de beneficios para los pacientes derivados del uso del producto mientras se espera a la obtención de más evidencia. Los beneficios consisten en una reducción de la incertidumbre respecto a la relación coste-efectividad subyacente del fármaco y por tanto la capacidad de tomar una decisión mejor informada (que es menos probable que sea errónea). Los pagadores pueden intentar también reducir la incertidumbre presionando para establecer un precio inferior. A ese precio, pueden estar más seguros de que será un buen uso de los recursos escasos de que disponen. Sin embargo, las compañías pueden resistirse a ello si piensan que la evidencia respaldará sus opiniones sobre el beneficio neto para el sistema sanitario. Si no se llega a un compromiso, los pacientes no tendrán acceso al medicamento hasta que la compañía proporcione la evidencia adicional necesaria para respaldar el precio que pretende fijar.

Podría parecer ideal que el fabricante dispusiera en el momento del lanzamiento de la evidencia adecuada para demostrar al pagador la relación coste-efectividad. Esto puede no ser posible si está relacionado, por ejemplo, con la validez subyacente de un indicador sustitutivo de una variable de valoración clínica o si el conocimiento de los efectos a más largo plazo es clave para juzgar la relación coste-eficacia. La tentación a la que se enfrenta el pagador en esta situación es la de decir "no" mientras no se proporciona una evidencia a más largo plazo. La tentación a la que se enfrenta el fabricante es la de presionar para obtener la aprobación sin tener que obtener la evidencia a más largo plazo. La opción de la CED (un "sí pero...") puede ser atractiva en estas circunstancias tanto para los pagadores como para las compañías. Permite a los pacientes el acceso a los nuevos medicamentos con un beneficio incremental positivo respecto a los tratamientos ya existentes, mientras se está obteniendo la evidencia adicional.

Además de ser un compromiso viable, puede considerarse que es probable que la CED produzca un resultado socialmente óptimo en el que es probable que la evidencia adicional aporte un valor y la mejor estimación actual es que el fármaco representará valor por el dinero empleado. Sin embargo, para que esto sea así es preciso superar algunas dificultades. Las más importantes son las siguientes:

- Debe ser viable obtener la evidencia requerida mientras el fármaco está incluido en la lista de medicamentos aceptados por el pagador. Por ejemplo, puede no ser posible incluir a pacientes en un ensayo clínico cuando pueden tener acceso al medicamento fuera del ensayo. En estas circunstancias la evidencia puede obtenerse con un estudio observacional o un ensayo realizado en otro sistema sanitario distinto. Sin embargo, ambas opciones plantean dificultades acerca de la calidad de la evidencia generada: en un caso por los factores de confusión y en el otro por la posibilidad de generalización de los datos de un contexto a otro.

- La cuestión está en quién asume el riesgo de que la evaluación inicial del valor del tratamiento haya sido errónea. Esto está relacionado en parte con la cuestión de si hay un acuerdo en vigor. En ausencia de un acuerdo, existe el peligro de oportunismo por ambas partes. La compañía puede no obtener los datos con la esperanza de que el pagador no sea capaz de anular la decisión adoptada (los pacientes protestarán y/o los prescriptores no atenderán a esa decisión). El pagador puede negarse a asignar un precio más alto o un uso más amplio aun cuando la evidencia respalde las alegaciones de la compañía.

•   Un acuerdo respecto a la obtención de datos y el ajuste del precio tendrá costes aso-
    ciados. Éstos reflejarán en parte los costes de obtención de la evidencia; pero puede
    haber también otros costes adicionales; como, por ejemplo, costes administrativos.

También es probable que sea una nueva fuente de incertidumbre para el pagador. Aun
en el caso de que se alcance un acuerdo respecto al precio y el uso del fármaco, este puede
no utilizarse en el grupo de pacientes acordado. Podemos denominar a esta situación
incertidumbre de utilización. Puede abordarse con pruebas *ex ante* de la respuesta probable o pruebas *ex post* de la respuesta real. La "continuación del tratamiento condicional" es un término utilizado por Carlson y cols. (2010) para indicar una forma de esquema de pago por resultados centrado en los respondedores, y, como hemos señalado antes,
los esquemas de pago por resultados italianos utilizan este enfoque dirigido a los respondedores. Sin embargo, aquí debemos diferenciar entre las siguientes situaciones:

•   Hay muchas incertidumbres respecto qué pacientes responderán (es decir, alcanzarán
    un cierto umbral de mejoría) y por tanto qué porcentaje de la población de pacientes
    son respondedores. En otras palabras, continúa existiendo una incertidumbre respec-
    to a la relación coste-efectividad del tratamiento;

•   Hay un alto grado de conocimiento por parte del pagador del tamaño o el porcenta-
    je esperado de la población en la que el tratamiento tiene una relación coste-efectivi-
    dad favorable y que por tanto debe recibir dicho tratamiento. La cuestión es entonces
    la incertidumbre de utilización, es decir, asegurarse de que estos pacientes y solo ellos
    reciban el tratamiento.

Los acuerdos de precio por volumen son mecanismos sencillos, aunque poco finos,
para abordar la incertidumbre de utilización. Puede estimarse el número de pacientes
elegibles y los ingresos para la compañía se limitan al precio multiplicado por el volumen
de pacientes elegibles. Un acuerdo de este tipo puede permitir también el uso de precios
inferiores para otros subgrupos de pacientes en los que el producto es menos efectivo. Sin
embargo, la parte negativa es que no hay una garantía de que el producto sea utilizado
en los pacientes adecuados.

Algunos medicamentos nuevos pueden incrementar de manera sustancial el presupuesto de medicación (es decir, asequibilidad) y hacer que los pagadores estén preocu-
pados por la posibilidad de superar su presupuesto y que esto sea mucho más importante que las preocupaciones respecto al valor del dinero (Sendi y Briggs, 2001). En esta
situación, los pagadores pueden buscar unos acuerdos de límite máximo de ingresos.

Resumimos las opciones que tiene el pagador en su decisión respecto a la CED y los
esquemas de pago por resultados como se hace en la Figura 6-1.

Número y tipos de esquemas

En una revisión anterior, Carlson y cols. (2010) recopilaron la evidencia relativa a los
esquemas de pago por resultados de un periodo de diez años, 1998 – 2009. Como nosotros, establecieron una distinción dentro de la categoría que hemos denominado CED
entre la cobertura con posibilidad de revisión, para la que identificaron 34 esquemas, y el

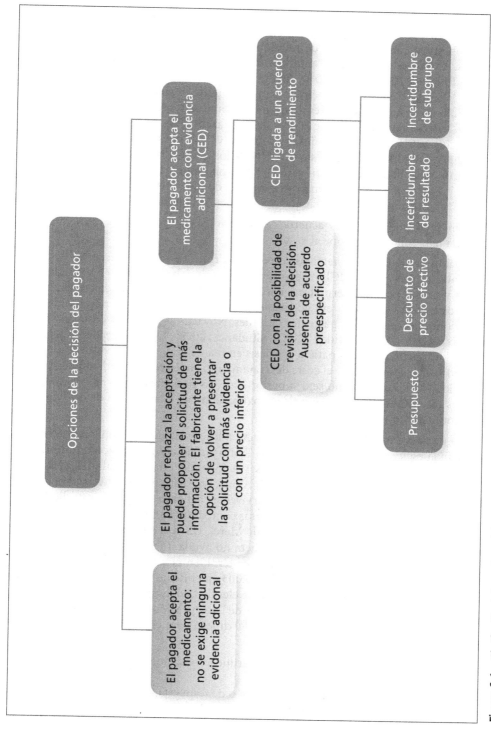

Figura 6-1. Clasificación de las opciones del pagador en el momento del lanzamiento del producto. Adaptado de Towse y Garrison (2010).

pago por resultados (incluidos los esquemas de continuación del tratamiento condicional) para el que encontraron 24 esquemas. Stafinski y cols. (2010) identificaron 32 esquemas de cobertura con posibilidad de revisión y 26 ejemplos de esquemas de pago por resultados. Ambos estudios fueron anteriores a la introducción en el Reino Unido de los PAS en el PPRS de 2009. Towse (2010) identificó 10 PAS aprobados por el NICE para el uso en el NHS del Reino Unido, pero en su mayor parte estaban relacionados con descuentos. Solo uno estaba ligado al resultado (el esquema de respondedores de bortezomib [Velcade®]) y era previo al PPRS de 2009 y había sido incluido en las revisiones tanto de Carlson y cols. (2010) como de Stafinski y cols. (2010). Así pues, parece que en la década de 2000-2009 hubo hasta 60 esquemas de CED, de los que aproximadamente el 55% fueron CED con posibilidad de revisión y un 45% fueron esquemas de pago por resultados.

Towse y Garrison (2010) presentaron ejemplos de los tipos de esquemas que podemos observar, utilizando la tipología que se indica en la Figura 6-1:

• Gestión presupuestaria. Los acuerdos establecidos en Francia, Australia y Nueva Zelanda han aplicado un tope al gasto.

• Obtención de descuentos efectivos respecto al precio de tarifa. El acuerdo de límite máximo de dosis que el NICE realizó sobre ranibizumab (Lucentis®) para la degeneración macular podría interpretarse como un descuento de precio efectivo. La relación coste-efectividad solo era aceptable para el NICE si el NHS pagaba hasta 14 inyecciones por ojo en los pacientes elegibles. Novartis asumirá los costes del tratamiento a partir de esa cantidad. (NICE Guidance, 2008). El NICE recomendó el uso de ustekinumab (Stelara®) para la psoriasis en placas grave, con la condición de que Janssen-Cilag garantice que el coste del tratamiento en los pacientes de un peso superior a los 100 kilogramos no será superior al de los pacientes de menos de 100 kilogramos (SCRIP, 2009). Esto equivale aproximadamente a la compra de dos viales de ustekinumab por el precio de uno.

• Forma de abordar la incertidumbre respecto a los resultados. El esquema de fármacos para la esclerosis múltiple (EM) en el Reino Unido aborda la incertidumbre respecto a los resultados con un estudio observacional del estado de salud del paciente, ligando el precio a un umbral de coste por AVAC. En Australia, el acuerdo para bosentán (Tracleer®) vincula el precio a la supervivencia del paciente tras un estudio observacional (Wlodarczyk y cols. 2006). Diversas compañías han ofrecido una garantía de devolución del dinero, como en el caso de Merck US si la simvastatina (Zocor®) en combinación con modificaciones de la dieta no ayuda a reducir los niveles de lipoproteínas de baja densidad (LDL) y de colesterol, en el caso de Parke-Davis (ahora Pfizer) en una "garantía de resultados" en 2003 en el Reino Unido para atorvastatina (Lipitor®) con la finalidad de reducir los niveles de LDL hasta el objetivo pretendido, y en el caso de Novartis con una iniciativa de "no curación, no pago" para valsartán (Diovan®) y una garantía de devolución del dinero para el chicle de nicotina (Moldrup, 2005).

• Forma de abordar la incertidumbre de subgrupos, condicionada a los resultados esperados.
   — A través de la incertidumbre de selección o de respuesta. El ejemplo de borzetomib (Velcade®) en el Reino Unido aborda la incertidumbre de subgrupos garantizando

la identificación de los respondedores. Hay un rembolso retrospectivo al pagador por los no respondedores. Los respondedores reciben nuevas dosis del producto. La agencia italiana AIFA ha establecido, como hemos indicado antes, varios acuerdos de pago por resultados vinculados con los respondedores, con descuentos para los periodos de ensayo y reducciones de precio para los no respondedores. Para los pacientes respondedores, los tratamientos se reembolsan al precio completo.

— A través de la incertidumbre de utilización. En Australia, los límites máximos del gasto pueden interpretarse también como acuerdos de riesgo compartido que vinculan implícitamente los ingresos con los resultados, partiendo del supuesto de que los volúmenes elevados indican una asistencia con una relación coste-efectividad desfavorable al precio establecido.

Comentamos a continuación los costes y beneficios asociados a los esquemas, combinando nuestro marco de referencia teórico con los hallazgos presentados en la literatura reciente.

Beneficios y puntos débiles de los esquemas de pago por resultados

Puig-Peiró y cols. (2011) realizaron una revisión sistemática de la literatura con la finalidad de identificar el conocimiento existente acerca de los costes y beneficios, evaluados de forma cuantitativa o cualitativa, que se producían con el reembolso basado en rendimiento, los esquemas de riesgo compartido (RS, *risk sharing*), los esquemas de acceso de pacientes (PAS) y los esquemas de PF para los productos farmacéuticos. Incluyeron en la revisión un total de 24 publicaciones consistentes en artículos de investigación originales, revisiones, cartas y editoriales. Observaron que:

- Más del 40% de las publicaciones se referían al *Multiple Sclerosis Risk Sharing Scheme* (MS RSS) aplicado en el Reino Unido desde 2002.

- Ningún estudio pudo evaluar el impacto económico total de un esquema. Todos los estudios incluían comentarios cualitativos sobre los costes y beneficios, excepto el de MS RSS en el que se indicaban algunos costes.

Los costes citados con mayor frecuencia en términos cualitativos en las publicaciones examinadas fueron los siguientes:

- Costes transaccionales/de aplicación (costes [€] de negociación, contratación, supervisión y obtención y análisis de los datos). A menudo se hacía mención específica de forma adicional a:
  - Cargas administrativas específicas para el sistema sanitario de los pagadores.
  - La posibilidad de formas metodológicamente más complejas de generar la evidencia para elevar el coste y aumentar el tiempo de los esquemas.

Los beneficios mencionados incluían los siguientes:

- Aumento del acceso a nuevos tratamientos;

- pago de un precio más próximo al valor del medicamento (enfoque de precio "basado en el valor");

- la posibilidad de mejorar la eficiencia del mercado farmacéutico premiando la innovación; y

- reducción de la incertidumbre en el proceso de toma de decisiones del pagador.

Por lo que respecta al MS RSS, se identificaron muchas dificultades. El MS RSS del Reino Unido se basó en una negociación realizada en 2002 entre el Department of Health del Reino Unido y cuatro compañías farmacéuticas que suministraban medicamentos para la EM tras el rechazo del NICE a aceptar ningún uso de estos fármacos por parte del NHS. Se trata de un estudio observacional de 10 años con una cohorte histórica como control. Se tardaron tres años, en vez de los 18 meses previstos, en reclutar 5000 pacientes en 73 centros. Los resultados de la evaluación realizada a los dos años de la discapacidad acumulada de los 5000 pacientes reclutados no se presentaron hasta el año 2009, siete años después de establecido el acuerdo para utilizar ese esquema. En la presentación de los resultados (Boggild y cols. 2009) se afirmaba que "los resultados obtenidos hasta ahora en el análisis principal preespecificado sugieren que no se retarda la progresión de la enfermedad". Sin embargo, los precios no se redujeron como consecuencia de que la evidencia no fuera concluyente. Esto planteó dificultades respecto a: el diseño del estudio y el tiempo que se tardaba en generar la evidencia; la capacidad de exigir el cumplimiento del contrato relativo a la vinculación de los precios con los resultados; los problemas de gobernanza del esquema, incluida la independencia del grupo asesor científico (que fue defendido enérgicamente por su presidente)[iv] (Lilford, 2010); la utilidad de la EDSS como criterio de valoración; y las consecuencias de la elección del comparador al evaluar nuevo fármacos posteriores para las mismas indicaciones.

Los críticos argumentaron también que un ensayo clínico aleatorizado más prolongado en el NHS del Reino Unido hubiera sido preferible (McCabe y cols. 2010). Esto parece políticamente poco realista, y no tiene en cuenta, además, los costes asociados a la obtención de la evidencia. El problema no es en absoluto infrecuente. Un nuevo tratamiento en un área de enfermedad no tratada resulta muy prometedor en un ensayo controlado y aleatorizado de corta duración utilizando una combinación de indicadores sustitutivos y alguna variable de valoración clínica intermedia. El medicamento es autorizado partiendo de esta base. La pregunta pendiente de responder es cuál será la probabilidad de obtención de un beneficio para la salud a largo plazo en pacientes que son tratados debido a la evidencia de una mejoría a corto plazo en la variable de valoración sustitutiva. Esperar a los resultados de un ensayo hasta 10 años después del lanzamiento del medicamento no es una política realista. También es probable que los resultados sean malos si el pago por resultados con una forma efectiva de obtención de evidencia y una gestión adecuada y exigencia de cumplimiento contractual constituye una opción viable.

La evidencia existente respecto a los costes y los efectos de otros esquemas es limitada. Aunque los PAS del Reino Unido son en gran parte acuerdos de descuento más que

---

iv Lilford culpó al diseño del estudio de que no se pudieran extraer conclusiones sólidas acerca de la efectividad al cabo de dos años.

de pago por resultados, la experiencia obtenida con ellos es relevante. Williamson (2010) ha presentado una encuesta realizada en farmacéuticos de oncología de 31 hospitales del NHS. Los costes de transacción para el NHS fueron el mayor motivo de preocupación. Las diferencias entre los requisitos administrativos de los diferentes esquemas incrementaban el problema. Existía la preocupación de que en algunos casos pudiera no haberse solicitado la devolución del dinero. En otros casos, esta devolución llegó al hospital proveedor pero el comprador (comisionista) no tuvo noticia de ello. Los "dos sistemas ligados a una medición de la respuesta clínica, el de cetuximab [Erbitux®] y el de bortezomib [Velcade®], mostraron una tendencia al peor resultado. Los esquemas basados en la respuesta plantean dificultades para el rastreo de los pacientes y para asegurar que se realicen las solicitudes de devolución por los no respondedores." (p. 111). Esto es motivo de preocupación puesto que, de hecho, se trata de esquemas de pago por resultados. Sin embargo, los esquemas de pago por resultados italianos parecen haber sido bien recibidos. Esto puede reflejar en parte el uso de un sistema de registro electrónico de los pacientes, de ámbito nacional.

En la revisión de Puig-Peiró y cols. (2011) se observó una falta de consenso sobre las consecuencias favorables de los esquemas y su conveniencia social, que se explica en parte por la escasa evidencia existente. Algunos autores recomiendan acuerdos basados en los resultados tan solo para casos excepcionales, dada su complejidad y sus altos costes. Por ejemplo, al comentar el MS RSS, Raftery (2010) llega a la conclusión de que "los esquemas basados en resultados deberían evitarse probablemente siempre que sea posible". Sin embargo, la evidencia de que disponemos respecto al otro esquema basado en resultados, el de bosentán (Tracleer®), sugiere que dio resultado. Raftery sugiere que esto puede deberse al uso de un grupo más pequeño de pacientes (528 pacientes), una variable de valoración bien definida (la muerte) y un sistema de salud más habituado a negociar acuerdos.

En la literatura publicada sobre esta cuestión, los efectos beneficiosos identificados se ven contrarrestados por unos costes y dificultades importantes, y por tanto el balance global continúa sin estar claro, a pesar de las opiniones contundentes respecto a un esquema concreto (el MS RSS). Existe un intenso rechazo a los esquemas basados en resultados. Sin embargo, recompensar a los productos que puede demostrarse que aportan un rendimiento (en forma de ganancia de salud u otros beneficios) es probable que sea una forma muy efectiva de estimular la innovación.

Parece haber dos problemas relacionados. El primero es una tendencia a centrarse en los aspectos negativos de la experiencia existente hasta la fecha. La obtención de la evidencia es costosa (tanto en términos de tiempo empleado como en términos de costes en los que se incurre) y la administración de un esquema puede ser también cara. No obstante, hasta el momento la literatura aporta pocas evidencias respecto a los costes y beneficios globales de los esquemas aplicados hasta la fecha. Las estimaciones del coste del MS RSS se centran en los costes de los medicamentos al precio de tarifa. La literatura sugiere ciertamente una preocupación por parte de los prestadores de la asistencia sanitaria respecto a los costes de la administración de los esquemas, y parece claro que la evidencia generada como parte del MS RSS no ha reducido hasta ahora la incertidumbre respecto a los resultados y que los acuerdos contractuales no han sido satisfactorios. Sin embargo, la cuestión que se plantea es la de si cabía esperar que el uso de los esquemas produjera un resultado mejor que la elección de decisiones alternativas por parte del pagador. De lo indicado en la literatura se deduce también claramente que se hace mayor énfasis en los esquemas de CED en los que se rastrean los resultados en pacientes individuales a través de estudios prospectivos observacionales de una forma u otra. Esto parece producirse a expensas de alternativas que pueden constituir un uso más coste-efectivo de los recursos, a saber:

*   La obtención de evidencia en otro ámbito de forma paralela al uso del producto (Eckerman y Willan, 2009);

*   El uso de estudios con pacientes específicos, en vez de la inclusión de todos los pacientes en la evaluación de la evidencia.

El segundo problema es que parece haber una opinión bastante ingenua respecto a las alternativas a los acuerdos de riesgo compartido o de pago por resultados. Son de destacar los siguientes aspectos.

*   En primer lugar, una mayor información obtenida antes del lanzamiento del medicamento, que reduce la incertidumbre y permite decisiones de "aceptarlo ahora" que pueden tomarse "en el momento del lanzamiento". Se ha comenzado un diálogo inicial entre pagador y compañía (en forma de una revisión científica) respecto a las exigencias de *Health Technology Assesment* (HTA) en el momento del lanzamiento. No obstante, la capacidad de generar información para reducir la incertidumbre en el momento del lanzamiento puede verse limitada por la viabilidad y los retrasos que comporta la obtención de datos previa al lanzamiento. El supuesto del que parece partirse es el de que, en este caso los precios deben ser simplemente inferiores, al menos mientras no se haya generado una evidencia mejor. Sin embargo, en la mayoría de los mercados los precios no pueden aumentarse[v]. Es improbable que los fabricantes estén dispuestos a aceptar unos precios permanentemente inferiores para afrontar las incertidumbres de resultados existentes en el momento del lanzamiento del medicamento.

*   En segundo lugar, los mayores retrasos y la nueva presentación de solicitudes y negociación con nueva información y precios, de forma secuencial. Es improbable que esto resulte eficiente, y producirá retrasos sustanciales en el acceso de los pacientes al tratamiento mientras se llega a identificar un precio que sea coste-efectivo.

En pocas palabras, no hay opciones fáciles para identificar y recompensar el valor de la innovación. El pago por resultados aporta una forma importante de abordar la incertidumbre respecto al valor esperado de la innovación en la práctica clínica habitual. No requiere un seguimiento de cada uno de los pacientes tratados, y el rendimiento puede valorarse a partir de un ensayo controlado y aleatorizado u otros estudios llevados a cabo en otro lugar del mundo si es necesario. Los costes se podrían reducir a medida que pagadores y fabricantes obtengan mayor experiencia con el funcionamiento de estos acuerdos.

---

[v] En principio una excepción es la iniciativa UK Flexible Pricing introducida en el PPRS de 2009. Sin embargo, no se ha utilizado hasta la fecha.

BIBLIOGRAFÍA

Boggild M, Palace J, Barton P, Ben-Shlomo Y, Bregenzer T, Dobson C, et al. Multiple sclerosis risk sharing scheme: two year results of clinical cohort study with historical comparator. BMJ. 2009; 339: 4677.

Carlson JJ, Sullivan SD, Garrison LP, Neumann PJ, Veenstra DL. Linking payment to health outcomes: a taxonomy and examination of performance-based reimbursement schemes between healthcare payers and manufacturers. Health Policy. 2010;96(3):179-90.

Cook JP, Vernon JA, Manning R. Pharmaceutical risk-sharing agreements. Pharmacoeconomics. 2008;26(7):551-6.

de Pouvourville, G. "Risk-sharing agreements for innovative drugs: a new solution to old problems?" Eur J Health Econ. 2006; 7(3):155-7.

Eckermann S, Willan AR. Expected value of information and decision making in HTA. Health Econ. 2007;16:195-209.

Eckermann S, Willan AR. Globally optimal trial design for local decision making. Health Econ. 2009; 18:203-16.

Lilford RJ. Response from chair of scientific advisory committee. BMJ. 2010;341:c3590.

McCabe C, Chilcott J, Claxton K, Tappenden P, Cooper C, Roberts J, et al. Continuing the multiple sclerosis risk sharing scheme is unjustified. BMJ. 2010;340:1786.

Moldrup C. No cure no pay. BMJ. 2005;330(7502):1262-4.

NICE Guidance TA155 Ranibizumab and pegaptanib for treatment of age-related macular degeneration. 2008. Disponible en: http://guidance.nice.org.uk/TA155/Guidance/pdf/

Pollock A. Pricing Pills by the Results. New York Times; 14th July 2007.

Puig-Peiró, R. Mestre-Ferrandiz J, Sussex J, Towse A. Literature review on Patient Access Schemes, Flexible Pricing Schemes and Risk Sharing Agreements for medicines. Podium presentation. ISPOR 14th Annual European Congress, Madrid, Spain: 5-8 November 2011. Disponible en http://www.ispor.org/research_pdfs/39/pdffiles/RS1.pdf [Consultado el 28 de noviembre de 2011]

Raftery J. Multiple sclerosis risk sharing scheme: a costly failure. BMJ. 2010; 40:1672.

Richards RG. MS risk sharing scheme. Some clarification needed. BMJ. 2010;341:3589.

Scolding N. The multiple sclerosis risk sharing scheme. BMJ. 2010;340:2882.

SCRIP. NICE set to recommend Stelara for psoriasis. SCRIP World Pharmaceutical News. August 17th 2009.

Sendi PP, Briggs AH. Affordability and cost-effectiveness: decision-making on the cost-effectiveness plane. Health Econ. 2001;10:675-80.

Towse A. Value-based pricing, research and development, and patient access schemes. Will the United Kingdom get it right or wrong? Br J Clin Pharmacol. 2010;70(3):360-6.

Towse A, Garrison LP Jr. Can't get no satisfaction? Will pay-for-performance help? Toward an economic framework for understanding performance-based risk-sharing agreements for innovative medical products. Pharmacoeconomics. 2010;28(2):93-102.

Williamson S. Patient access schemes for high-cost cancer medicines. Lancet Oncol. 2010;11(2):111-2.

Wlodarczyk JH, Cleland LG, Keogh AM, McNeil KD, Perl K, Weintraub RG, et al. Public funding of bosentan for the treatment of pulmonary artery hypertension in Australia: cost effectiveness and risk sharing. Pharmacoeconomics. 2006;24(9):903-15.

Regulación de los precios de los medicamentos: tendencias recientes y cuestiones desatendidas al final del proceso

Joan-Ramón Borrell

Introducción

En este capítulo se revisa la literatura existente sobre la regulación de precios en el sector farmacéutico. Tras resumir los resultados bien conocidos que constan en la literatura existente, el artículo se centra en la identificación de las cuestiones que continúan estando abiertas, y en proponer nuevos caminos para abordar algunas cuestiones desatendidas. Se plantea que los agentes que intervienen en la parte final del proceso, como los farmacéuticos, tienen mucho que decir en cuanto a los mecanismos de regulación de precios y adquisición para que funcionen de manera eficiente con objeto de promover el lanzamiento de nuevos medicamentos realmente innovadores.

En la mayor parte de países desarrollados, los esquemas de regulación de precios/adquisición basados en el coste se han ido transformando de manera gradual en controles de precio de dos elementos. Por un lado, muchos países tienen mecanismos de regulación de incentivos y adquisición basados en acuerdos de ingresos compartidos y de gestión de la demanda para la fijación de precios de medicamentos con patente.

Por otro lado, muchos países disponen de mecanismos de regulación de precios/adquisición basados en la competencia para la fijación de precios de medicamentos no protegidos por patentes o genéricos.

En ambos tipos de esquemas, el papel de los agentes que intervienen en los procesos finales, como mayoristas y farmacéuticos, ha sido descuidado en la mayoría de lugares. La evidencia obtenida en algunos países indica lo importante que es adecuar los incentivos de los agentes para que haya esquemas de regulación de precios y adquisición que fomenten el bienestar, potenciando la introducción de medicamentos realmente innovadores que comportan precios más altos, al tiempo que se fomenta la competencia en el segmento de mercado de medicamentos sin patente en vigor. Hay una clara necesidad de nuevas investigaciones para conocer mejor la forma en la que los incentivos actúan al final del proceso para asegurar la eficiencia en la fijación de los precios de los medicamentos.

El capítulo está estructurado de la siguiente forma. En el Apartado 2 se presenta una breve revisión de la literatura previa que pone de manifiesto la manera en la que actúan las fuerzas contrapuestas en la fijación de precios de los medicamentos, y las diferentes regulaciones de precios y tradiciones de adquisición que abordan el manejo de estas fuerzas en el sector farmacéutico. En el Apartado 3 se describen los resultados conocidos derivados de esa literatura, y se sugiere que hay una cuestión importante que continúa estando abierta. En el Apartado 4 se describen la forma en la que los incentivos de los agentes que intervienen la parte final del proceso han sido desatendidos, y lo importantes que son esos incentivos para la eficiencia en la fijación de precios de los medicamentos. En el Apartado 5 se presentan algunas conclusiones.

Fuerzas contrapuestas en la fijación de precios de los medicamentos

Los mercados farmacéuticos tienen unas características únicas en un aspecto al que no se ha prestado la atención suficiente. La fijación de precios de los medicamentos está sujeta a la acción de fuerzas contrapuestas que llevan a soluciones de esquina (*corner solutions*), es decir, a un precio excesivo o insuficiente. Es muy frecuente caracterizar a algunos países como mercados en los que se aplican precios demasiado altos (en especial, Estados Unidos, Alemania y otros), mientras que otros son mercados con precios demasiado bajos (países menos desarrollados o incluso algunos países del sur de la Unión Europea).

Existen algunos fundamentos económicos en los mercados de medicamentos que conducen a ambos extremos: precio excesivo o precio insuficiente.

Precio excesivo: las aseguradoras crean una demanda inelástica: los pacientes son menos sensibles al precio cuando la aseguradora paga la factura (Regan 2007). La demanda es también inelástica porque el acceso a la mayor parte de los medicamentos requiere la prescripción de un médico y la dispensación de un farmacéutico. Y los médicos y los farmacéuticos son agentes imperfectos de sus pacientes. No internalizan por completo el impacto de sus decisiones de prescripción y dispensación sobre la función de utilidad neta tras el tratamiento de sus pacientes. Todas estas peculiaridades de la demanda de los medicamentos hacen que los precios aumenten. Además, las patentes limitan la competencia y permiten a los innovadores poner a los medicamentos un precio superior al coste marginal y la obtención de cuasi-rentas que deben elevar los ingresos lo suficiente como para compensar los costes incurridos en I+D. Esto fomenta también que los precios sean más altos.

Precio insuficiente: al mismo tiempo, la intervención directa de la Administración a través de la regulación o el aporte público de los medicamentos, la intervención indirecta de la Administración en los seguros de salud y farmacia, o incluso un mercado de seguros privados concentrado llevan a un mayor poder del comprador. Este poder en sentido contrario puede llevar al mercado a la otra solución de esquina. El sector es propenso a sufrir el clásico problema de *hold-up*. Dado que el coste de I+D es un coste pasado en el que ya se ha incurrido cuando se lanza el fármaco, la Administración o las aseguradoras tienen la tentación de expropiar a la industria mediante la fijación de unos precios próximos al coste marginal, que están muy por debajo de los costes medios que internalizan lo dedicado a I+D, por ejemplo obviando los derechos de patente y evitando el pago de la parte justa de los costes globales de I+D según la renta del país.

Ambas soluciones de esquina tienen consecuencias indeseables a corto y a largo plazo:

- La fijación de un precio excesivo es indeseable porque induce una I+D demasiado alta y redirige los esfuerzos de investigación marginales hacia aquellos medicamentos para los que las imperfecciones de la demanda son más agudas. Además, el precio excesivo conduce a un aporte excesivo por parte de los médicos y los farmacéuticos cuando son agentes imperfectos de sus pacientes (Duggan y Scott Morton 2008, y Evans 1974)[i].

- La fijación de un precio insuficiente es indeseable porque induce una I+D demasiado baja, y estimula un esfuerzo de investigación marginal dirigido a aquellos fármacos que son menos propensos a sufrir el problema del *hold-up*, como pueden ser los fármacos que tratan los trastornos de pacientes que se encuentran en países con un mayor compromiso para contribuir a pagar su cuota regular de los costes de I+D. Además, los precios insuficientes llevan a un aporte insuficiente por parte de los médicos y farmacéuticos cuando estos son agentes imperfectos de sus pacientes[ii].

En los distintos países, hay dos tradiciones de regulación/adquisición diferentes en cuanto al control de los precios de los medicamentos.

Una de ellas se centra en la regulación de precios de manera global. Generalmente, los países con esquemas de seguros de salud públicos o privados insuficientemente desarrollados son propensos al uso de regulaciones directas por parte de la Administración (mando y control) para asegurar que los agentes privados tengan acceso a los tratamientos farmacéuticos esenciales.

Esta regulación de precios no suele ser sofisticada: aplica de forma general unos precios ex-fábrica basados en los costes de cada producto, y limita o prohíbe los aumentos de precio. En esta tradición, los mayoristas y los farmacéuticos suelen ser reembolsados con el empleo de una fórmula basada en el coste más un margen fijo.

En cambio, existe otra tradición que se centra en mayor medida en esquemas de adquisición por parte de la Administración. Esta ha sido generalmente la tradición de intervención en los países que disponen ya de un mercado de seguros de enfermedad públicos y/o privados.

En esta segunda tradición se utilizan acuerdos entre la aseguradora de salud y el proveedor de medicamentos que adoptan a grandes rasgos la forma de regulaciones de precios con tasa de retorno o con ingresos compartidos.

Muchos de los países de esta tradición han desarrollado adicionalmente mecanismos de fijación de precios basados en incentivos, con objeto de afrontar el problema del agente imperfecto: generalmente incluyen alguna forma de remuneración y mecanismos de reembolso para hacer que los médicos y los farmacéuticos presten sus servicios de manera más eficiente. También utilizan los precios de formularios, la exclusión de las listas de

---

[i] Por ejemplo, en el caso de los farmacéuticos si son remunerados con un margen porcentual fijo sobre los precios finales.

[ii] De hecho podría no ser tan indeseable si la fijación de precios insuficientes desalienta el gasto en investigación inútil sobre productos me-too, al tiempo que orienta a la industria al desarrollo de "innovaciones drásticas", como sugieren Ganuza y Llobet (2008). Las Administraciones y las aseguradoras tienen una menor probabilidad de fijar precios insuficientes para los fármacos que resultan ser un verdadero avance terapéutico.

medicamentos aceptados y el análisis de coste-efectividad para manejar la demanda de medicamentos que cubren. Cuando los médicos y los farmacéuticos pasan a ser mejores agentes de sus pacientes, el precio excesivo conduce a un aporte insuficiente de los medicamentos. En cambio, el precio insuficiente conduce a un aporte excesivo de medicamentos.

Como resultado de la acumulación de estrategias de regulación/acumulación, lo que observamos de hecho es una mezcla de tres tipos de esquemas:

- Regulaciones de precio basadas en costes: mecanismos de regulación utilizados por las Administraciones o las aseguradoras que se centran en auditorías de los costes de las empresas farmacéuticas, los mayoristas y los detallistas. También han introducido gradualmente mecanismos para comparar el precio de los medicamentos en diferentes países (referenciación de precios externa en distintos países).

- Regulaciones del precio basadas en incentivos: mecanismos de regulación de precios y adquisición centrados en contener la escalada de los costes de medicación de los medicamentos con patente que tienen muy pocos sustitutos, mediante el establecimiento de acuerdos con los proveedores (ingresos compartidos) y la orientación de los incentivos de los agentes a la contención de costes y la gestión de la demanda.

- Regulaciones de precio basadas en la competencia: mecanismos de regulación de precios y adquisición como los precios de referencia y las cláusulas de recuperación que hacen bajar los precios mediante la interrelación competitiva de diferentes proveedores de medicamentos de marca sin patente en vigor o medicamentos genéricos.

Sood y cols. (2009) aportan evidencias sobre las tendencias en el uso de todos estos mecanismos entre 1992 y 2004 en 19 países de la OCDE. En la Tabla 7-1 se presenta el cuadro global consistente en un aumento constante en el uso de los esquemas de regulación de precios y adquisición para el control de los precios de los medicamentos.

Los controles de precios directos negociados entre la Administración y los seguros de salud públicos se utilizan en 16 países, en comparación con los 13 países de 1992. Aparte de estos controles directos, todos los países están utilizando de manera creciente regulaciones basadas en incentivos y mecanismos de reembolso basados en la competencia:

- Regulaciones basadas en incentivos:
  — Durante las dos últimas décadas hemos asistido a un crecimiento de las evaluaciones de coste-efectividad (que pasaron de solamente 2 países en 1992 a hasta 10 países en 2004) utilizadas durante las negociaciones de precios entre las aseguradoras y las empresas farmacéuticas al lanzar al mercado un nuevo fármaco con patente.
  — Dado el ascenso en los precios de introducción de fármacos realmente innovadores, muchos países han introducido también tarifas de farmacia decrementales, aunque la mayoría son tarifas fijas que no permiten a las farmacias ofrecer descuentos a los pacientes o a las aseguradoras (se ha pasado de 5 en 1992 a 10 países en 2004).
  — Otro mecanismo que se ha introducido en muchos países son los controles presupuestarios globales que ponen un límite máximo al aumento de los gastos que pagan las aseguradoras a nivel de compañía o de medicamento (tan solo un país tenía controles presupuestarios globales en 1992, mientras que había 6 que los tenían en 2004).

Tabla 7-1. Tendencias en los controles de precios de los medicamentos en la OCDE 1992-2004

	1992	2004
Controles directos de precios	13	16
Regulaciones basadas en incentivos		
Evaluaciones de coste-efectividad	2	10
Tarifas de farmacia decrecientes	5	10
Controles del presupuesto global	1	6
Controles de beneficios	1	3
Presupuestos de prescripción	0	2
Regulaciones basadas en la competencia		
Sustitución por genéricos	3	24
Precios de referencia de genéricos	2	7
Precios de referencia terapéuticos	3	6
Incentivos para la prescripción de genéricos	2	5

Fuente: Sood N. et al (2009)

— Otros países, como el Reino Unido, han continuado utilizando controles sobre los beneficios y dos países más se habían unido al Reino Unido en el uso de esos mecanismos de control hasta el 2004.

— Por último, dos países han introducido también presupuestos de prescripción a nivel de médicos o de centros de salud hasta 2004.

• Regulaciones basadas en la competencia: en paralelo con las regulaciones basadas en incentivos para los fármacos con patente, ha habido una tendencia compartida a la introducción de regulaciones para fomentar la competencia en el segmento de mercado de los medicamentos sin patentes en vigor.

— Hasta 13 países obligan a sustituir cualquier medicamento de marca por su versión genérica más barata en 2004, cuando solamente 3 exigían esa sustitución en 1992.

— Además, hasta 7 países tienen esquemas de precios de referencia en 2004, cuando solamente 2 los tenían en 1992.

— Hasta 6 países han ampliado los sistemas de precios de referencia no sólo a los grupos de marca-genérico, sino también a las clases terapéuticas de medicamentos que combinan más de un principio activo en 2004.

— En 1992 sólo había 3 países con estas regulaciones de precios de referencia de clases terapéuticas.

— Por último, hasta 5 países tienen en vigor incentivos para fomentar que los médicos prescriban genéricos en 2004, cuando en 1992 estos incentivos sólo existían en 2 países.

La literatura que estudia el mercado de los productos farmacéuticos ha analizado intensivamente muchos de los diferentes mecanismos de regulación y adquisición que se han señalado. La teoría y la evidencia empírica han analizado los efectos de la mayor parte de estos esquemas. Examinaremos a continuación cuáles son los resultados conocidos según la literatura existente, qué aspectos continúan siendo cuestiones abiertas y por último qué temas desatendidos requieren más investigación.

Resultados bien conocidos

Empezaremos revisando los resultados bien conocidos que constan en la literatura sobre la fijación de precios de los medicamentos. A continuación pasaremos a revisar la literatura sobre el impacto de las regulaciones basadas en el coste, el impacto de la regulación de incentivos sobre la fijación de precios, y finalmente el efecto de las regulaciones basadas en la competencia.

Fijación de precios de medicamentos

Los estudios de la fijación de precios de medicamentos en diversos países habían indicado tradicionalmente que los precios en los países menos intervencionistas, como Estados Unidos o Alemania, fijaban unos precios de los medicamentos ex-fábrica más altos. Sin embargo, estos resultados han sido puestos en duda claramente por la literatura más reciente, que ha podido estimar las diferencias de fijación de precios de una manera más uniforme y sólida.

Danzon y Chao (2000b) y Cabrales y Jiménez-Martín (2007) indican que tras introducir un control respecto a las características de los medicamentos y la renta, los Estados Unidos no tiene unos precios más altos que los de otros países desarrollados. Borrell (2007) ha mostrado cómo la fijación de precios de los medicamentos para VIH-sida en los países en desarrollo depende principalmente de la renta, la protección por patentes y el tiempo transcurrido desde el lanzamiento en los Estados Unidos, y que los precios de las grandes empresas farmacéuticas son diferentes en función del país y del tiempo.

La evidencia más reciente es la que han aportado Sood y cols. (2009). Este artículo pone de relieve que las regulaciones del precio tienen un impacto directo e intenso sobre los ingresos de las empresas farmacéuticas, pero no sobre la fijación de precios.

Los controles tienen tres efectos diferentes sobre los gastos.

- En primer lugar, con el tiempo pueden acabar limitando la demanda asegurada, y de este modo podrían ser un contrapeso para la fuerza que impulsa la fijación de precios excesivos si la demanda es asegurada. Regan (2007) aportó una evidencia clara que indicaba que el precio de los medicamentos de marca en Estados Unidos aumenta a medida que se incrementa la proporción de pacientes asegurados: cada 10% adicional de pacientes asegurados provoca un aumento de los precios en un 5,1% en el caso de 18 medicamentos comerciales en forma sólida oral en los que se introdujeron por primera vez los genéricos entre 1998 y 2002.

- En segundo lugar, las regulaciones pueden estar dirigiendo la demanda a medicamentos más antiguos y más coste-efectivos, y a los genéricos. Regan (2007) observa también una intensa reducción de los ingresos por medicamentos de marca derivados de pacientes asegurados cuando se introdujeron los genéricos, y esta reducción fue mucho más intensa que la reducción de los ingresos derivados de pacientes no asegurados o de pacientes de Medicaid.

- Por último las regulaciones de precios están teniendo una repercusión indirecta en la elección de los productos que tendrá probablemente un impacto más relevante sobre el bienestar.

  — En primer lugar, aunque nunca se ha estimado, existe una preocupación general por la posibilidad de que la regulación de los precios pueda reducir los ingresos y los beneficios derivados de la innovación. Así pues, una preocupación de primer nivel es que la regulación de precios, como sugieren Sood y cols. (2009) pueda mejorar el bienestar de las generaciones actuales pero comporte para las generaciones futuras una reducción del ritmo de la innovación. Acemoglu y Linn (2004) aportan una evidencia que indica que, en la industria farmacéutica, la introducción de nuevas entidades químicas responde a los cambios previstos en el tamaño del mercado con una antelación de 10-20 años. La relación entre la introducción de los fármacos y la regulación sólo se ha identificado y cuantificado de forma sólida en el caso de los genéricos. Moreno, Puig y Borrell (2009) han mostrado cómo la introducción de los precios de referencia de genéricos y las normas de sustitución obligatoria tuvieron unas repercusiones intensas y negativas persistentes sobre la introducción de los genéricos en España.

  — En segundo lugar, se ha identificado claramente que las regulaciones de precios conducen a retrasos en el lanzamiento de los medicamentos (Danzon y cols. 2005 y Kyle 2007). Las empresas pueden preferir retrasar el lanzamiento en un país de precios bajos ya que dichos precios bajos pueden extenderse a otros países cuando se negocian los precios de lanzamiento cuando los precios se establecen teniendo en cuenta una referencia externa de otros países. Además, las empresas pueden retrasar el lanzamiento de un nuevo medicamento en el país que es un origen de actividades de comercio paralelas.

  — Por último, también se ha descrito claramente y se ha identificado que las empresas obvian las regulaciones de precios mediante el empleo de una proliferación de presentaciones o una proliferación de marcas, a través de las licencias y a través del lanzamiento de productos *me-too* (Ellison y Ellison 2007). La presentación, los nombres de marca o las entidades químicas *me-too* permiten a las empresas diversificar en las negociaciones de los precios con los reguladores, y dificultan la competencia de los genéricos y la tarea de comparación de precios entre países y del comercio paralelo.

Literatura sobre los controles de precios

Comprender cómo los controles de los precios de los medicamentos han tenido un impacto en esos resultados de fijación de precios.

Por lo que respecta a las regulaciones de precios basadas en los costes, es bien sabido que las auditorias son imperfectas y que cualquier mecanismo de regulación acaba en algún tipo de negociación de precio entre las aseguradoras y las empresas, o en algún tipo de mecanismo de referenciación externa.

Como hemos visto antes, Sood y cols. (2009) muestran que se utilizan regulaciones directas del precio (incluidos los esquemas con referenciación externa) en 16 de los 19 países desarrollados en 2004.

Las regulaciones basadas en el coste conducen a un aporte excesivo de variedades (véase Borrell, Costas, Nonell 2005 para la comparación del número de presentaciones y marcas en España frente al Reino Unido), retrasos en los lanzamientos, proliferación de licencias locales (véase Borrell 2007 para el caso de los medicamentos para VIH-sida en los países en desarrollo) como mecanismos para obtener unos resultados favorables en las negociaciones de precios cuando las aseguradoras y las Administraciones utilizan criterios industriales a la hora de fijar los precios de lanzamiento, y un comercio paralelo.

El control de los beneficios no "recorta" los gastos (véase Sood y cols. 2009). Estos controles adoptan generalmente la forma de una regulación de coste más tasa de retorno, y tienen luego las repercusiones bien conocidas de este tipo de regulaciones. Véase Borrell (1999) en lo relativo al efecto del *Pharmaceutical Price Regulation Scheme* del Reino Unido, y Duggan y Scott Morton (2006) respecto al caso de Medicaid: los controles del beneficio fomentan la diversificación de las empresas y las inversiones que pueden obviarlos. Así pues, los controles del beneficio son más un instrumento de política industrial que un mecanismo efectivo de control del gasto.

Por lo que respecta a las regulaciones basadas en incentivos, Sood y cols. (2009) muestran que los mecanismos basados en incentivos, como los presupuestos globales y de los médicos sí "recortan" los gastos. Sin embargo, también indican que hay una especie de ley de retornos decrecientes con el uso de cada vez más regulaciones para reducir el gasto.

Hay una enorme literatura que analiza la dinámica de la competencia entre los medicamentos sin patente y genéricos.

Existe una evidencia sustancial que indica que los formularios y la demanda gestionada para el establecimiento de precios de los fármacos que no tienen unas características únicas influyan de manera importante en la reducción de los precios y del gasto (Elzinga y Mills 1997; Borrell 2003; Duggan y Scott Morton 2008).

En la Tabla 7-2 se muestra que la introducción de genéricos y de precios de referencia en España en 2003 modificó la dinámica del gasto farmacéutico público del Sistema de Salud. Partiendo de una media de crecimiento anual del 9% antes de la fijación de precios de referencia, la factura farmacéutica recuperó un crecimiento del 6% posteriormente. El impulso para este cambio de la dinámica es el cambio de la tasa media de crecimiento anual en el precio por prescripción: de ser el impulso más importante del gasto al crecer a un ritmo del 5% antes de la introducción de los precios de referencia, pasó a crecer después en tan solo un 1%.

En la Figura 7-1 se muestra de una forma sencilla pero ilustrativa el ahorro aproximado en la factura farmacéutica del Sistema de Salud de España tras el establecimiento

Tabla 7-2. Crecimiento de la factura de medicamentos del sistema de salud de España

Período	Factura de medicamentos	Precio por prescripción	Número de prescripciones	Población	Prescripción por persona
1996–2003	9%	5%	4%	1%	3%
2003–2009	6%	1%	5%	2%	3%

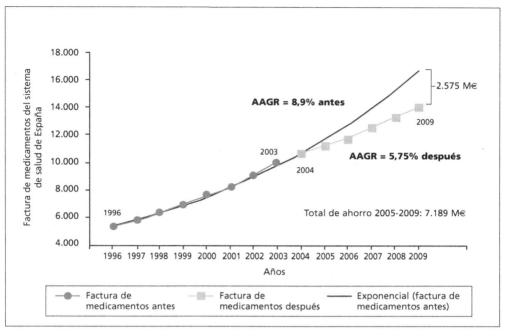

Figura 7-1. Factura de medicamentos del sistema de salud de España, antes y después de los precios de referencia

del sistema de precios de referencia que redujo los precios de los medicamentos con equivalentes genéricos. El ahorro fue de alrededor del 18% de la factura farmacéutica en 2009 (2.571 M€).

La literatura pone claramente de manifiesto que el impacto de los genéricos sobre los precios depende intensamente de las reglas de sustitución y reembolso. La introducción de los genéricos impulsa una reducción de los precios medios, pero puede fomentar precios más altos para los productos de marca (la conocida paradoja de los genéricos, cuya evidencia más reciente puede verse en Regan 2007). La sustitución obligatoria es un factor clave para reducir los precios de los productos de marca con equivalentes genéricos. Y, tal como comentamos más adelante, las reglas de reembolso en la parte final del proceso son un factor impulsor clave de la competencia de precios de los genéricos.

Además, los precios de referencia de genéricos no sólo impulsan la reducción de los precios sino que retrasan también la entrada de los genéricos (Moreno, Puig y Borrell 2009). Esto puede conducir a unos precios más bajos con un menor número de genéricos, o puede dificultar la entrada y la tendencia a los precios más bajos.

Cuestión abierta: comercio paralelo

Hay una cuestión importante todavía abierta al debate entre los economistas y los abogados, en especial en la Unión Europea, respecto a los controles de precios: la cuestión de los efectos que tiene sobre el bienestar el comercio paralelo.

Valletti y Szymanski (2005) y Valletti (2006) muestran que el comercio paralelo impide a las empresas establecer de forma óptima precios diferentes en distintos mercados, y por tanto no se maximizan los beneficios y se reducen los incentivos para la innovación. Sin embargo, este efecto negativo sobre el bienestar que ejerce el comercio paralelo se basa en el supuesto de que las empresas son las que deciden libremente los precios y las inversiones en innovación. En cambio, Rey (2003), Grossman e Lai (2006) y Sauri (2007) obtienen unos resultados diferentes cuando este supuesto no es válido.

Concretamente, Sauri (2007) muestra que si los precios se fijan en un juego de regateo con las Administraciones, el comercio paralelo puede tener unos efectos favorables sobre el bienestar. Concretamente, el comercio paralelo no permite a las Administraciones de los países de renta baja aprovecharse de la mayor disponibilidad de otras Administraciones a pagar por la innovación. El comercio paralelo potencia el bienestar ya que hace que las Administraciones sean responsables del precio uniforme que prevalecerá en todos los mercados. Según Sauri (2007), el comercio paralelo tiene esta propiedad de potenciación del bienestar que reduce las diferencias en la disponibilidad a pagar por la innovación entre los distintos países.

Esta es, pues, una cuestión abierta, de gran relevancia en la Unión Europea: el comercio paralelo de los medicamentos ha sido respaldado por la sentencia del Tribunal de Justicia Europeo en el caso de Merk contra Primecrown[iii]; sin embargo, el Tribunal de Primera Instancia Europeo ha limitado recientemente el comercio paralelo a aquellos casos en los que no tiene efectos negativos sobre los incentivos para la innovación[iv].

Cuestiones desatendidas: incentivos y competencia en la parte final del proceso

El papel de la regulación y la competencia en la parte final del proceso, con objeto de contener los gastos y aumentar el bienestar en el sector farmacéutico es una cuestión desatendida en la literatura. Hasta donde yo conozco, solamente Danzon y Chao (2000a) han estudiado en qué medida no sólo la regulación de precios sino también la regulación de los márgenes y los descuentos de las farmacias socavan la competencia en precios. Sin embargo, no pueden identificar claramente el efecto de la regulación del precio ex-fábrica y las regulaciones de los márgenes en la parte final del proceso sobre la competencia de precios entre medicamentos genéricos y de marca[v]. Y Danzon y Furukawa (2011) sólo resaltan que esta es una cuestión importante al estudiar la competencia entre genéricos en el mercado. Pero tampoco ellos establecen un modelo ni identifican de qué forma los incentivos en la parte final del proceso determinan los precios de los medicamentos genéricos.

[iii] Caso C-267-268/95. Merck & Co. Inc. v. Primecrown Limited. Tribunal de Justicia de las Comunidades Europeas. Nota de prensa número 58/96, 5 de diciembre de 1996.

[iv] Caso T-168/01. GlaxoSmithKline v. CE Commission. Tribunal de Primera Instancia de las Comunidades Europeas. Nota de prensa número 79/06, 27 de septiembre de 2006.

[v] Las estimaciones de Danzon y Chao (2000a) sugieren que las regulaciones de farmacia, en especial en cuanto al tamaño de los envases y la dispensación a granel y los márgenes reducen los incentivos que reciben las empresas farmacéuticas para ofrecer a los farmacéuticos descuentos por volumen.

Tabla 7-3. Regulaciones en la parte final del proceso en diversos países europeos

	Número	De un total de	
Limitación de la propiedad	16	27	59%
Solamente propiedad de farmacéuticos	15	27	56%
Solamente propiedad del Estado	1	27	4%
Farmacia propiedad del Estado	9	27	33%
Restricción de la entrada	20	27	74%
Regulación de las distancias	6	27	22%
Restricción de contratos con el servicio nacional de salud	3	27	11%
Regulación de márgenes	25	25	100%
Márgenes fijos o decrecientes	18	25	72%
Márgenes máximos	7	25	28%

La Tabla 7-3 muestra las principales regulaciones que afectan al sector farmacéutico en Europa. En muchos países europeos es una práctica común que las regulaciones de entrada que limitan el número de farmacias que puede haber en una determinada área geográfica sean especialmente estrictas. El informe de ÖBIG (2006) para la comisión europea y COFV & FEFE (2007) señalan que 20 de los 27 estados miembros de la Unión Europea aplican restricciones de entrada[vi], situación esta que contrasta notablemente con la de los Estados Unidos y Canadá en donde no se aplican restricciones. En 6 de estos 20 estados miembros de la Unión Europea con restricciones de entrada, existen regulaciones explícitas de distancias que obligan a las farmacias a estar alejadas entre sí (regulaciones de distancia mínima de entre 150 y 400 m). Así ocurre en Austria, Grecia, Hungría, Portugal, Eslovenia y España. Tan solo en 3 de estos 20 estados miembros de la Unión Europea hay una entrada libre de las farmacias que venden medicamentos de venta sin receta y fármacos con receta a los pacientes que los pagan de su bolsillo, pero hay organizaciones de seguros de salud controlados por el Estado o servicios públicos que limitan el número de farmacias con las que se contrata: así ocurre en el caso del Reino Unido, Irlanda y Holanda.

COFV & FEFE (2007) indican que en 16 de los 25 estados miembros de la Unión Europea, tan solo los farmacéuticos titulados pueden ser dueños de una farmacia y abrirla para la dispensación de medicamentos al público. En los Estados Unidos, generalmente hay libertad de establecimiento para cualquier persona o empresa que solamente tiene que contratar a un farmacéutico profesional titulado para que atienda la farmacia. Paradójicamente, hay algunos estados de Estados Unidos que prohíben a los farmacéuticos

---

[vi] En la mayoría de los estados miembros, el establecimiento de nuevas farmacias está limitado por criterios geográficos y demográficos. Tan solo en el reino Unido y Holanda se limita la entrada mediante los contratos con las organizaciones de asistencia sanitaria financiadas por impuestos. Mossialos y Mrazek (2003) señalan también que la entrada está limitada en Noruega.

ser dueños o regentar farmacias (Abood 2007). COFV & FEFE (2007) señalan también que en 10 de los 27 estados miembros de la Unión Europea hay farmacias que son propiedad del estado abiertas al público, generalmente para atender las necesidades de dispensación de pueblos pequeños, pero también como monopolio público en el caso de Suecia.

Además, las restricciones de entrada europeas se combinan habitualmente con regulaciones de precios o de márgenes de comercio al detall. El informe de ÖBIG (2006) para la Comisión europea señaló que 18 de 25 estados miembros regulaban el margen de beneficio de la farmacia y no permitían los descuentos, mientras que los otros 7 establecían unos máximos para el margen de beneficio o el pago de servicios pero permitían realizar libremente descuentos a los clientes.

Aunque las regulaciones que limiten la entrada de nuevas empresas en un mercado mediante la fijación del número de ellas que pueden proveer un determinado mercado son frecuentes en sectores como el de las finanzas (por ejemplo, banca y seguros), el transporte (por ejemplo, taxis y autobuses), la venta al detall (por ejemplo, supermercados, alcohol y tabaco) y las profesiones (por ejemplo, farmacéuticos y notarios), en Europa hay un debate acerca de si estas restricciones de entrada sirven al interés público o benefician a sus titulares privados. Al mismo tiempo, hay un conjunto cada vez más amplio de literatura que ha empezado a evaluar las repercusiones que tienen estas restricciones y si son apropiadas para los objetivos que persiguen.

Schaumans y Verboven (2008) y Borrell y Fernández-Villadangos (2009) evalúan el impacto de las regulaciones de entrada para las farmacias sobre el número de farmacias que compiten, y también el exceso de márgenes y rentas que estas restricciones ofrecen a los propietarios de farmacias en el caso de Bélgica y España, respectivamente, en municipios no metropolitanos. El número de competidores en la parte final del proceso se reduce en hasta un 50% en Bélgica como consecuencia de las regulaciones de entrada en los municipios.

Los datos sobre gasto farmacéutico per cápita ex-fábrica recopilados por la OCDE y la información de los diversos países sobre los márgenes nos permiten comparar la cuota de gasto en la parte inicial y final del proceso en los diversos países desarrollados. En la Figura 7-2 se indica que el gasto per cápita en dólares de Estados Unidos en los segmentos inicial y final del proceso del sector está muy correlacionado.

Las Figuras 7-2 y 7-3 muestran esta correlación. La cuestión que queda por estudiar es la de si los países que logran introducir una competencia en la parte final del proceso acaban consiguiendo un gasto per cápita ex-fábrica inferior al medio.

En España, Borrell y Merino (2007) muestran que la regulación de los márgenes de las farmacias y la prohibición formal de los descuentos hace que no se preste atención al aumento de la competencia entre los fabricantes de genéricos. Cuando los fabricantes ofrecen descuentos por volumen a las farmacias, esto no se traslada a los pagadores.

Para un grupo de 16 principios activos en los que hay diversas empresas de genéricos que compiten en el mercado, los descuentos por volumen ascendieron a un 17% a 38% (media de 34%). La manera en la que se establece en España el sistema de precios de referencia de genéricos permite al farmacéutico elegir qué genérico dispensa si todos tienen el precio mínimo. Este mecanismo fomenta que las empresas de genéricos eficientes ofrezcan descuentos a los farmacéuticos en vez de ofrecer un precio ex-fábrica inferior al pagador.

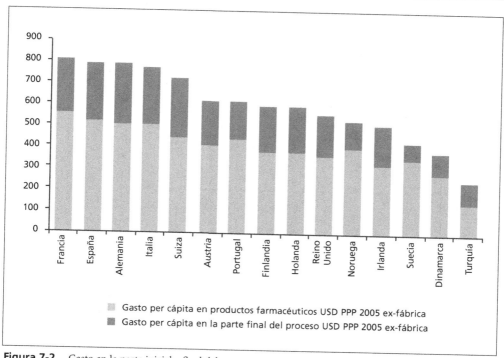

Figura 7-2. Gasto en la parte inicial y final del proceso

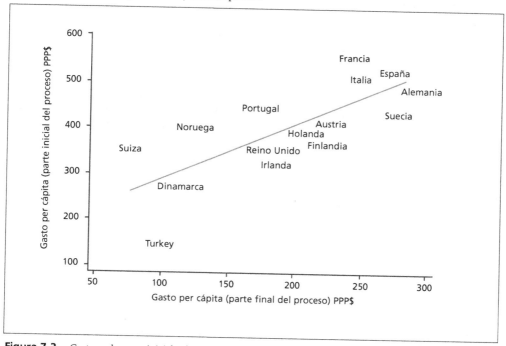

Figura 7-3. Gasto en la parte inicial y final del proceso

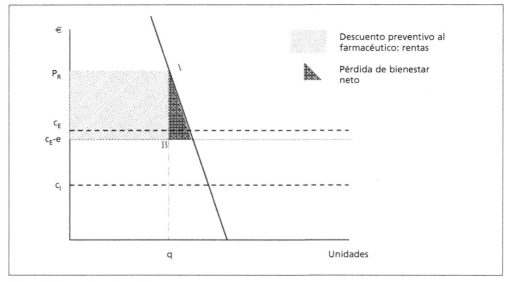

Figura 7-4. Análisis de los descuentos

La Figura 7-4 muestra que con el empleo del instrumento sencillo para analizar el fundamento de los descuentos de Motta (2004), puede ponerse de manifiesto que un titular eficiente con unos costes marginales iguales a c_I ofrecerá de entrada a un farmacéutico un descuento igual al área gris de la figura, con objeto de impedir la entrada de cualquier otra empresa de genéricos menos eficiente con un coste marginal igual a c_E dado un precio de referencia igual a P_R, en donde $P_R > c_E > c_I$. El descuento será igual exactamente a la diferencia entre el precio de referencia y el coste marginal de la empresa menos eficiente más un cierto valor épsilon, e: $P_R - c_E + e$.

No tener en cuenta los incentivos económicos que las empresas de genéricos tienen para ofrecer descuentos a los farmacéuticos implica que los pagadores no manejan de manera eficiente sus presupuestos sujetos a limitaciones. Los pagadores del Reino Unido y de Holanda disponen de un mecanismo de recuperación por el que reciben parte de los descuentos ofrecidos a los farmacéuticos: cuando se realiza una auditoría de los costes de reembolso, los pagadores obtienen información sobre los descuentos que los farmacéuticos obtienen de las empresas de genéricos. El pagador sólo le pide al farmacéutico una recuperación igual al descuento medio, y los farmacéuticos que obtienen descuentos superiores a la media los retienen para sí. De esta forma, la demanda de medicamentos derivada de los farmacéuticos continúa siendo elástica para el precio.

Conclusiones

Como hemos visto, el gran aumento del número y la calidad de los artículos publicados que estudian la regulación de los precios de los medicamentos a lo largo de la última década aporta un buen número de resultados que modulan el carácter de la regulación de precios en el sector. Las regulaciones directas del precio son una tendencia actual, aunque esas regulaciones se basan más en los incentivos en el segmento de los medicamentos con patente, y se basan más en la competencia en el segmento de los medicamentos sin patente en vigor.

Hemos asistido a un gran aumento en el uso de evaluaciones de coste-efectividad de los medicamentos y también de otros mecanismos de gestión de la demanda (como los presupuestos). Y los esquemas de referencias de precios de genéricos combinados con la sustitución obligatoria han pasado a ser la norma en el segmento de los medicamentos sin patente en vigor.

En cambio, quedan algunas cuestiones abiertas que requieren algo más de investigación. Concretamente, las implicaciones que tiene para el bienestar el comercio paralelo dentro de los países desarrollados continúan siendo una cuestión controvertida. Y las evaluaciones de coste-efectividad están tan solo empezando a aumentar. Ambas cuestiones son importantes para hacer que los controles aplicados a los medicamentos favorezcan un estímulo al lanzamiento de productos más innovadores en el segmento de medicamentos con patente, al tiempo que imponen una competencia más dura en el segmento de medicamentos sin patente.

Además, la literatura reciente ha tenido poco en cuenta las actividades de la parte final del proceso de este sector. La regulación en la parte final del proceso es especialmente nociva para cualquier perspectiva de obtener el máximo de los mecanismos basados en la competencia que rigen los precios en el segmento de medicamentos sin patente de este sector. Las regulaciones que se aplican a la parte final del proceso deberán ser evaluadas con las pruebas que está utilizando el Tribunal de Justicia Europeo para impulsar las libertades fundamentales de circulación y establecimiento: las regulaciones debieran ser necesarias, adecuadas, proporcionales y no discriminatorias para perseguir el objetivo de servicio público al que están destinadas. Hay mucha investigación por hacer para ampliar nuestros conocimientos respecto a esta cuestión.

BIBLIOGRAFÍA

Abood R. Pharmacy Practice and the Law. 5th ed. Sudbury (MA): Jones and Bartlett Publishers; 2007.

Aronsson T, Bergman M, Rudholm N. The impact of generic drug competition on brand name market shares. Evidence from micro data. Review of Industrial Organization. 2001;19:425-35.

Arruñada B. Managing Competition in Professional Services and the Burden of Inertia. In: Ehlermann C-D, Atanasiu I, editors. European Competition Law Annual 2004: The Relationship between Competition Law and the (Liberal) Professions. Oxford and Portland, Oregon: Hart Publishing; 2006. p. 51-71.

Bae JP. Drug patent expirations and the speed of generic entry. Health Services Research. 1997;32:187-201.

Bergman M, Rudholm N. The relative importance of actual and potential competition: Empirical evidence from the pharmaceuticals market. J Industrial Economics. 2003;51:455-67.

Borrell JR. Pharmaceutical Price Regulation: A Study on the Impact of the Rate-of-Return Regulation in the UK. Pharmacoeconomics. 1999;15(3):291-303.

Borrell JR. Drug price differentials caused by formularies and price caps. Int J Economics Business. 2003;10:37-50.

Borrell JR, Costas A, Nonell R. Regulation and competition in the market for pharmaceuticals. In: Puig-Junoy J, editor. The public financing of pharmaceuticals: An economic approach. Cheltenham and Northampton: Edward Elgar; 2005. p. 59-83.

Borrell JR, Merino A. Los beneficios de una competencia incipiente: descuentos y bonificaciones a oficinas de farmacia. In: Cases L, editor. Anuario de la Competencia 2006. Madrid: Fundación ICO-Marcial Pons; 2007.

Borrell JR. Pricing and Patents of HIV/AIDS Drugs in Developing Countries. Applied Economics. 2007;39(4):505-18.

Borrell JR. Assessing Excess Profits from Different Entry Regulations. Working Paper Num. 2009-03. Xarxa de Referencia en Economia Aplicada, Barcelona.

Brekke KR, Königbauer I, Straume OR. Reference pricing of pharmaceuticals. J Health Econ. 2007;26: 613-42.

Cabrales A, Jiménez-Martín S. The Determinants of Pricing in Pharmaceuticals: Are U.S. prices really higher than those of Canada? Mimeo 2007.

Costa-Font J, Puig-Junoy J. The pharmaceutical market regulation in Spain: Is drug cost-containment under question? J Pharmaceuticals Finance, Economics and Policy. 2005;13:33-49.

COFV & FEFE. Marco Legal Comparado de la Farmacia en Europa. Colegio Oficial de Farmacéuticos de Valencia y Federación Empresarial de Farmacéuticos Españoles; 2007.

Danzon PM, Chao WL. Does regulation drive out competition in pharmaceutical markets? J Law Econ. 2000;43:311-57.

Danzon PM, Chao WL. Cross-national price differences for pharmaceuticals: how large, and why? J Health Econ. 2000;19:159-95.

Danzon PM, Ketcham JD. Reference pricing of pharmaceuticals for Medicare: Evidence from Germany, the Netherlands and New Zealand. Forum for Health Economics & Policy, 7. 2004 (Frontiers in Health Policy Research), Article 2. Retrieved from http://www.bepress.com/fhep/7/2.

Danzon PM, Wang YR, Wang L. The impact of price regulation on the launch delay of new drugs – evidence from twenty-five major markets in the 1990s. Health Economics. 2005;14:269-92.

Danzon PM, Furukawa M. Cross-National Evidence on Generic Pharmaceuticals: Pharmacy vs. Physician-Driven Markets. NBER Working Paper Series; 2011.

Daunfeldt SO, Rudholm N, Bergström F. Entry into Swedish retail and wholesale trade markets. Rev Industrial Organization. 2006;29:213-25.

Daunfeldt SO, Rudholm N. Revenues as a proxy for profits: A cautionary note. Applied Economic Letters. 2009;16:679-81.

de Pouvourville, G (2006). "Risk-sharing agreements for innovative drugs: a new solution to old problems?" Eur J Health Econ. 7(3):155-7.

Domínguez B, Ganuza JJ, Llobet G. R&D in the Pharmaceutical Industry: A World of Small Innovations. Manage Sci. 2008.55:539-551.

Duggan M, Morton SF. The Effect of Medicare Part D on Pharmaceutical Prices and Utilization. Mimeo; 2008.

Duggan M, Morton SF. "The Distortionary Effects of Government Procurement: Evidence for Medicaid Prescription Drug Purchasing. Quarterly Journal of Economics. 2006;1:30.

Ekelund M. Generic entry before and after the introduction of reference prices. In: Ekelund M, editor. Competition and innovation in the Swedish pharmaceutical market. Dissertation. Chapter 4. Stockholm School of Economics; 2001. p. 1-17.

Ekelund M, Persson B. Pharmaceutical pricing in a regulated market. Review of Economics and Statistics. 2003;85:298-306.

Ellison G, Ellison SF. Strategic Entry Deterrece and the Behaviour of Pharmaceutical Incumbents Prior to Patent Expiration. NBER Working Paper; 2007.

European Commission. Pharmaceutical Sector Inquiry. Preliminary Report. DG Competition Staff Working Paper, Brussels; 2008.

Evans R. Supplier-Induced Demand: Some Empirical Evidence and Implications. In: Perlman M, editor. The Economics of Health and Medical Care. London: Macmillan; 1974. p. 162-73.

Frank RG, Salkever DS. Generic entry and the pricing of pharmaceuticals. J Economics Management Strategy. 1997;6:75-90.

Grabowski HG, Vernon JM. Brand loyalty, entry, and price competition in pharmaceuticals after the 1984 drug act. J Law Econ. 1992;35:331-50.

Grossman G, Lai E. International Protection of Intellectual Property. Am Econ Rev. 2004;94:1635-53.

Hollis A. How do brands 'own generics' affect pharmaceutical prices? Rev Industrial Organization. 2005;27:329-50.

Hong SH, Shepherd MD, Scoones D, Wan TTH. Product-line extensions and pricing strategies of brand-name drugs facing patent expiration. J Managed Care Pharmacy. 2005;11:746-54.

Hudson J. Generic take-up in the pharmaceutical market following patent expiry: A multi-country study. Int Rev Law Econ. 2000;24:103-12.

Iizuka T. Generic entry in a regulated pharmaceutical market. Japanese Econ Rev. 2009;60:63-81.

Jansson E. Libre competencia frente a regulación en la distribución minorista de medicamentos. Rev Econ Apl. 1999;19:85-112.

Königbauer I. Advertising and generic market entry. J Health Econ. 2006;26:286-305.

Kyle M. Pharmaceutical Price Controls and Entry Strategies. Rev Econ Statistics. 2007;89(1):88-99.

López-Casasnovas G, Puig-Junoy J. Review of the literature on reference pricing. Health Policy. 2000;54:87-123.

Magazzini L, Pammolli F, Riccaboni M. Dynamic competition in pharmaceuticals: Patent expiry, generic penetration, and industry Structure. Eur J Health Econ. 2004;5:175-82.

Mestre-Ferrándiz J. The impact of generic goods in the pharmaceutical industry. Health Economics. 1999;8:599-612.

Moreno I, Puig J, Borrell JR. Generic Entry into the Regulated Spanish Pharmaceutical Market. Rev Industrial Organization. 2009;34(4):373-88.

Mossialos E, Mrazek M. The Regulation of Pharmacies in Six Countries. Report prepared for the Office of Fair Trading London; 2003.

Motta M. Competition Policy. Theory and Practice. Cambridge University Press; 2004.

Nuscheller R. Physician reimbursement, time, consistency, and the quality of care. J Institutional Theoretical Econ. 2003;159:302-22.

ÖBIG. Surveying, Assessing and Analyzing the Pharmaceutical Sector in the 25 EU Member States. Report Commissioned by the DG Competition - European Commission. Brussels: Office for Official Publications of the European Communities; 2006.

Puig-Junoy J. Incentives and pharmaceutical reimbursement reforms in Spain. Health Policy. 2004;67:149-65.

Puig-Junoy J. Los medicamentos genéricos pagan el precio de ser referencia. Rev Admin Sanit. 2004;2: 35-59.

Puig-Junoy J. The impact of generic reference pricing interventions in the statin market. Health Policy. 2007;84:14-29.

Regan TL. Generic entry, price competition, and market segmentation in the prescription drug market. Int J Industrial Organization. 2007.

Reiffen D, Ward ME. Generic drug industry dynamics. Review of Economics and Statistics. 2005;87:37-49.

Reiffen D, Ward ME. Branded generics' as a strategy to limit cannibalization of pharmaceutical markets. Managerial and Decision Economics. 2007;28:251-65.

Rey P. The impact of parallel imports on prescription medicines. Mimeo. 2003.

Rudholm N. Entry and the number of firms in the Swedish pharmaceuticals market. Rev Industrial Organization. 2001;19:351-64.

Rudholm N. Competition and substitutability in the Swedish pharmaceuticals market. Applied Econ. 2003;35:1609-17.

Saha A, Grabowski H, Birnbaum H, Greenberg P. Generic competition in the US pharmaceutical industry. Int J Econ Business. 2006;13:15-38.

Sauri L. Price Bargaining, Parallel Trade and Incentives to Innovate. European University Institute, Mimeo; 2007.

Scott Morton F. Entry decisions in the generic pharmaceutical industry. RAND J Econ. 1999;30:421-40.

Scott Morton F. Barriers to entry, brand advertising, and generic entry in the U.S. pharmaceutical industry. Int J Industrial Organization. 2000;18:1085-104.

Segura P. The peculiar patent and generic situation in Spain. Scrip Magazine. 1997;58:23-5.

Schaumans C, Verboven F. Entry and regulation. Evidence from health care professions. RAND J Econ. 2008;22:490-504.

Szymanski S, Valletti TM. Parallel trade, price discrimination, investment and price caps. Economic Policy. 2005;20:705-49.

Valletti TM. Differential pricing, parallel trade, and the incentive to invest. J Int Econ. 2006;70(1):314-24.

Waterson M. Retail Pharmacy in Melbourne: Actual and Optimal Densities. J Industrial Economics. 1993;41:403-19.